重庆市科研机构绩效激励引导专项2023年度重大项目"多模态教育大模型基础平台的建设与应用研究"（批准单位：重庆市科技局，立项编号：CSTB2023JXJL-YFX0090）和重庆市教育综合改革2024年度重点课题"高职院校科教融汇水平测度与推进路径研究"（批准单位：重庆市教育委员会，立项编号：24JGZ09）阶段研究成果。

职业院校专业建设
CIPP评价模式实践研究

PRACTICAL RESEARCH ON CIPP EVALUATION MODEL
FOR PROFESSIONAL CONSTRUCTION
IN VOCATIONAL COLLEGES

沈 军 ◎ 著

人民出版社

目　录

序

　　"办好人民满意的教育"是实现教育中国梦的核心战略任务。对于职业教育来说，职业院校专业建设是职业教育与经济社会对接的纽带，更是决定职业院校人才培养质量和办学水平的重要因素。职业院校专业建设是一个复杂的过程性系统，是由理念系统、定位系统、条件系统、运行系统和输出系统共同构成的复杂性系统。因此，判断职业院校专业建设的质量与成效，必须有科学的评价体系。沈军博士的《职业院校专业建设 CIPP 评价模式实践研究》很好地解决了这个问题，为职业院校专业建设评估提供了有益的理论参考与经验借鉴。本书是沈军的博士论文修改提炼之后的成果，集中反映了他过去六年来工作和研究的点点滴滴，可以说，这是一个教育评估工作者和一个攻读博士学位学习者六年汗水与智慧的集合，是一本有态度、有深度、有温度的学术力作。

　　聚焦问题，凸显专业，有态度的研究成果。在沈军博士的著作中，处处都透露着一个教育评估工作者、一个职业教育工作者的态度。这种态度体现在两个方面，一是鲜明的问题意识及看待职业教育评估的严谨态度。沈军是我的学生，更是我的朋友。在我认识他的时候，他就开始在教育一线扎根工作，如今，在教育评估的工作岗位上持续奋战了十余年，所以，他对教育评估是有态度的。不仅如此，他更有教育评估的专业态度。本书从"评价是导向、评价是引领、评价是动力"的角度出发，"坚持以评促建、以评促改、以评促管、以评促发展"的评价精神，以"两效"（效率与效益）为评价价值导向，构建了以"四核"（核心目标、核心资源、核心任务、核心发展）为主要指向，以"四度"（目标的适应度、条件的保障度、任务的有效度、发展的满意度）为关键尺度的职业院校专业建设评价指标体系。这是一个教育评估工作者专业态度的真实流露。

顶层设计，扎实推进，有深度的研究探索。为了深入探究职业教育专业建设的评估理论与实践，沈军博士与导师反复推敲修改了十余次研究设计，最终形成了博士论文的初始框架。一方面，研究遵循了"背景性研究—假设性研究—主体性研究—个案评析研究—原理归结"的研究思路，综合运用文献研究、理论研究、调查研究和个案研究等多种方法，以 CIPP 评价模式理论、专业周期理论、系统理论为理论基础，对职业院校专业建设 CIPP 评价模式的必要性、合理性、本体性、有效性与原理性进行了系统而科学的阐述。另一方面，基于 CIPP 评价思想与职业院校专业建设评价的契合，基于"两效四核"职业院校专业建设 CIPP 评价操作模式构建策略，引入 CIPP 评价模型关键要素，在充分吸收职业院校专业建设评价指标内容操作要求的基础上，设计职业院校专业建设CIPP评价全息性操作模式。在理论探索的基础上，沈军博士又充分发挥自己的工作实践和团队资源，深入重庆市的中高职学校进行实践探索。这个过程其实远远超出了他读博士的时间，而且还在一直推进。

变革的意识，落地的情怀，有温度的研究结论。沈军博士的研究时刻都关注着教育评估如何改革改进，变革的意识非常强烈；同时，作为一个教育工作者，他也从未忘记教育"育人"的原点，在教育的情怀上，并没有高高在上地悬着，反倒是踏踏实实地落地。同时，沈军博士的研究也认为，职业院校专业建设评价应对专业建设的各个要素、要素关系以及要素与环境的关系等方面进行全面评价。从纵向上看，其评价包括专业建设背景评价、输入评价、过程评价和成果评价等四个完整的环节；从横向评价上看，其评价包括专业建设每个环节的各个要素，尤其是核心要素。职业院校专业建设评价指标体系的设计应抓住共性与个性，既要重视、遵循评价指标体系设计的普遍性，更要充分观照、彰显职业院校专业建设的特色性和职业性。这个结论是他通过实践探索之后发现的评估工作之"变"。这样的结论不是遥不可及的，而是平易近人的、可以落地生根的、有温度的研究发现。

当然，白璧微瑕。沈军平日的工作极其繁重，教育博士的研究时间极其紧张，所以成果难免有些瑕疵。尤其是作为一项应用型的教育博士论文，这本著作的理论深度略有欠缺。不过，我相信，作为一个追求卓越、不断进取的教育工作者、一个学习性的教育管理者，沈军会在他未来的研究和工作中，越走越远，取得更多优秀的成果，诞生更多的思想，作出更大的贡献。

是为序。

朱德全

2023 年 9 月 29 日

导　论

　　职业技术教育是现代教育的重要组成部分，肩负着培养培训大批中高级技术技能型人才、提高劳动者素质和推动经济社会发展和促进就业的重要使命，是工业化和生产社会化、现代化的重要支柱。党的十八大以来，以习近平同志为核心的党中央直面问题，积极推动职业教育高质量发展，特别是习近平总书记高瞻远瞩，就职业教育的价值功能、认识定位、发展路径等发表了一系列重要论述，科学地指明了新时代职业教育的奋进方向。目前，我国已经成为全球职业教育体量最大的国家，并且初步建立起了纵向贯通、横向融通的现代化职业教育体系。① 2019 年 2 月，国务院印发《国家职业教育改革实施方案》更是开宗明义地指出，"职业教育与普通教育是两种不同教育类型，具有同等重要地位"。2022 年，新修订的《中华人民共和国职业教育法》同样明确指出，"职业教育是与普通教育具有同等重要地位的教育类型，是国民教育体系和人力资

---

① 朱德全、杨磊：《职业本科教育服务高质量发展的新格局与新使命》，《中国电化教育》2022 年第 1 期。

源开发的重要组成部分,是培养多样化人才、传承技术技能、促进就业创业的重要途径"。职业教育肩负着培养数以亿计的高素质劳动者和技术技能人才的历史使命,也为实现"两个一百年"奋斗目标和中华民族伟大复兴的中国梦提供了坚实的人才保障。

专业建设作为职业院校与经济社会对接的直接纽带,是决定职业院校人才培养和办学水平的重要标志。2019 年 3 月,教育部、财政部印发《关于实施中国特色高水平高职学校和专业建设计划的意见》指出,"集中力量建设一批引领改革、支撑发展、中国特色、世界水平的高职学校和专业群,带动职业教育持续深化改革,强化内涵建设,实现高质量发展"。2021 年 3 月,教育部印发《职业教育专业目录(2021 年)》,首次一体化设计"中—高—本"不同层次专业,这标志着我国职业教育专业建设进入新的历史发展阶段,同时也标志着我国职业教育在现代产业体系、产业链现代化发展的背景下,实施专业布局和设置的动态更新的具体举措,集中体现出职业教育适应性的应然要求,彰显出职业教育"类型化"属性的必然选择。[①] 对标现实,随着世界产业结构升级、智能制造技术的飞速发展与人工智能的大规模运用反映出产业经济升级加速的趋势,社会对专业技术人才的需求也在不断变化;[②] 同时,随着我国人口老龄化、少子化、青年劳动力短缺问题的初步显现,在从劳动密集型产业向技术密集型产业转型升级中,存量劳动力和传统劳动力开发均面临着转型压力,如何建设技能型社会将直接影响我国

---

① 郭燕、王强、方绪军:《职业教育专业适应性发展的内在逻辑与应然选择》,《成人教育》2021 年第 12 期。

② 吴全全、郝俊琪、闫智勇:《职业教育高质量发展背景下职业院校专业建设探析》,《中国职业技术教育》2022 年第 35 期。

社会经济的发展与转型。① 因此，专业作为技术技能人才的基础与前提，影响着人才培养的方向与质量，提高职业院校教育质量的关键在于进行高质量的专业建设。

一、问　题　提　出

（一）推进职业教育高质量发展的必然要求

职业教育承载着培养数以亿计的高素质劳动者和高技能专门性人才的任务，作为教育体系的重要组成部分，它与普通教育、高等教育、继续教育一起共同构成完整的教育体系，并在全面推进社会主义现代化建设和建设小康社会的过程中有着非凡的意义和作用。因此，职业教育作为社会经济发展的关键要素，被摆在了优先发展和十分突出的位置。

2010 年 7 月，国务院印发《国家中长期教育改革和发展规划纲要（2010—2020 年）》明确指出，要大力发展职业教育，并提出"发展职业教育是推动经济发展、促进就业、改善民生、解决'三农'问题的重要途径，是缓解劳动力供求结构矛盾的关键环节，必须摆在更加突出的位置"。2014 年 6 月，教育部等 6 部门联合印发《现代职业教育体系建设规划（2014—2020 年）》明确指出，"加快发展现代职业教育是党中央、国务院作出的重大战略决策"。2019 年 2 月，国务院出台了《国家职业教育改革实施方案》，宣告

---

① 张学英、张东：《技能型社会的内涵、功能与核心制度》，《职教论坛》2022年第 1 期。

职业教育从"层次"走向"类型"①，开启了职业教育新纪元。2021 年 10 月，中共中央办公厅、国务院办公厅印发《关于推动现代职业教育高质量发展的意见》明确指出，"职业教育是国民教育体系和人力资源开发的重要组成部分……在全面建设社会主义现代化国家新征程中，职业教育前途广阔、大有可为"。2022 年 10 月，党的二十大则提出要"统筹职业教育、高等教育、继续教育协同创新，推进职普融通、产教融合、科教融汇，优化职业教育类型定位"，国家把加快发展现代职业教育、推进我国职业院校改革发展，作为当前和今后教育改革发展的重要任务之一。② 可以说，目前中国职业教育的发展迎来了百年未遇的机会，国家层面制定了一系列高质量发展政策引导和推动职业教育高质量发展。但是，职业教育快速发展的同时也面临着巨大的挑战。

近年来，我国职业教育空前发展，主要表现在：第一，办学规模不断扩大。2010 年以来，职业院校办学规模持续扩大，据教育部门户网站显示，2023 年，全国现有中等职业学校 7085 所，高职、专科院校 11547 所，职业本科 33 所。可以说，我国建成了世界规模最大的职业教育体系。第二，改革发展思路更加清晰。国务院《国务院关于大力发展职业教育的决定》明确指出，要"推进职业教育办学思想的转变。坚持'以服务为宗旨、以就业为导向'的职业教育办学方针，积极推动职业教育从计划培养向市场驱动转

---

① 李鹏、石伟平：《中国职业教育类型化改革的政策理想与行动路径——〈国家职业教育改革实施方案〉的内容分析与实施展望》，《高校教育管理》2020 年第 1 期。

② 李鹏、石伟平：《新时代职业教育全面深化改革的政策逻辑与行动路径》，《国家教育行政学院学报》2019 年第 9 期。

变，从政府直接管理向宏观引导转变，从传统的升学导向转变为就业导向。促进职业教育教学与生产实践、技术推广、社会服务紧密结合，推动职业院校更好地面向社会、面向市场办学"。同时，在职业院校实际办学过程中，"促进就业，培养学生职业能力"，寻求促进职业院校发展的可持续性和反映社会人才需求平衡成为普遍共识。第三，职业教育投入不断加大。据教育部官方网站发布，2019年，全国职业教育总投入首次突破5000亿元，占全国教育经费总投入的1/10；2022年，各有关部门履职尽责，创新完善部省协同推进机制，全国职业教育总投入6630多亿元，在产教融合、实训基地建设、税费优惠等方面出台一系列含金量高的政策措施。"职业院校70%以上的学生都来自于农村，千万家庭通过职业教育实现了拥有第一代大学生的梦想。"① 同时，社会和各级政府也持续加大职业教育投入，民间资本被引入职业教育事业。

但是，在看到职业教育繁荣发展，取得了明显进步，高呼职业教育春天到来的同时，也应清醒地认识到面对国家深入实施创新驱动发展战略，大力推进产业结构转型升级过程中，职业教育特别是职业院校发展存在的现实问题和将要面临的诸多挑战。当前职业院校的改革发展还不能完全适应经济社会发展和产业转型升级的需要，办学条件薄弱，结构不尽合理，质量有待提高，体制机制不畅，需要有一种新的评价模式引领和指导专业建设实践者来关注专业建设的投入、产出和建设效益。

---

① 《高职教育让千万贫困家庭走出第一代大学生》，《中国青年报》2021年6月24日。

（二）提升职业院校专业建设质量的根本需要

从某种意义上讲，专业办学规模的不断扩大贯穿于职业院校改革发展的全过程，但是，办学条件薄弱、办学资源先天不足造成职业教育规模化发展阶段专业办学规模在盲目扩大过程中"先天缺钙"。

其一，职业教育专业建设过程中产教融合不够深入。"产教融合"的内涵首先应当是指"产业"与"教育"的融合，虽然国家层面颁布了多项重量级的政策文件，对产教融合进行了详细规划，就当前全国各地职业院校所开展的产教融合实践来看，地方政府、职业院校、企业等主体尚未就有关产教融合的机制、模式、方法等重要问题达成统一的认识，导致产教融合推进缓慢，成效不佳。[①]其中，专业作为职业教育连接行业企业发展需求、促进个人成长与社会进步的关键桥梁，但在发展过程中却处于"产教结合，还未融合"的过渡阶段，存在专业建设过程中校企合作中学校方"一头热"现象；教师下企业热情不高，且对专业建设的贡献较弱；专业建设缺乏合作企业的先进技术平台的实际支撑，产学研脱节等系列问题。[②]

其二，职业教育专业建设过程中课程体系相对落后。课程是专业建设的核心内容和基础框架，决定了专业培养方向、质量和效果，直接影响专业的竞争力和适应性。但是当前专业建设过程中课

[①] 陈志杰：《职业教育产教融合的内涵、本质与实践路径》，《教育与职业》2018 年第 5 期。

[②] 王欢：《产教融合背景下职业教育专业建设对策研究——基于北京市 40 所职业院校产教融合现状的调查》，《职业技术教育》2020 年第 33 期。

程体系却相对落后。一是职业教育课程体系对产业变化及职业发展动向与趋势的回应不足，不足以满足当下我国社会经济快速发展，特别是不能满足先进制造、新能源、新材料、生物技术、人工智能等产业的发展。[①]　二是内容上过分坚持专业体系的严密性，条块化、碎片化、单维化的学习比较明显，注重了单技能的培养且应用性不强，难以应对外部高频度的技术更新和快速变化的岗位要求。[②]　三是职业教育体系内缺乏贯通培养机制，且不同层次之间沟通不畅，造成了职业教育课程体系及其配套体系事实上的割裂，导致不同层次职业教育专业建设连续性的课程基础。[③]

其三，职业教育专业建设过程中专业结构缺乏长远规划。职业院校办学规模扩大的前提条件是专业数量和招生人数的不断增长，短平快的发展方式，造成职业院校改革发展乱象丛生，市场需要什么就上什么专业，什么专业好就业就上什么专业，很多专业的设置缺乏最基本的教育教学设施、师资条件、课程资源，为发展而发展，以"招到生"来获取经济利益，专业设置和建设缺乏长远规划，完全以功利化主义市场需要为出发点。有些专业的开设完全是生搬硬套，缺乏技能实训，培养的很多毕业生根本不具备相关的职业能力，导致不同程度的供需矛盾。由于我国产业结构转型发展，导致很多职业需求变更迅速，有些职业院校在未进行科学人才需求

①　冯瑞：《高职跨界融合型人才培养的课程体系重构与实践创新》，《江苏高教》2019 年第 8 期。

②　南旭光、张培：《基于 1+X 证书制度的职业教育课程体系建设：问题、逻辑与进路》，《中国职业技术教育》2020 年第 32 期。

③　吴婷琳：《现代职业教育课程体系建构的路径选择》，《江苏高教》2020 年第 5 期。

调研和预测的前提下盲目上马专业，导致职业教育的专业设置与劳动力市场需求存在结构错位。① 不同地区的职业教育院校专业设置不仅存在差异，也存在缺乏长远规划、追求时髦的共同问题，② 这种职业院校专业设置和建设的市场盲动主义，导致办学资源浪费和职业院校建设中的教育性缺失，完全被功利化的市场左右，将可能直接威胁到职业院校的可持续性生存和发展。这些盲目的专业建设改革发展，致使职业院校专业粗放化、表层化，无法引领社会发展的技术需求。

上述问题只是职业教育专业建设过程中比较典型的问题，实际上，职业院校发展过程中存在的种种乱象驱使举办者和管理者寻求与之匹配的解决之道。从文献分析和实践探索的情况来看，促使职业院校专业发展与人才培养"从规模扩张转向内涵建设"的专业建设才是新的发展和改革起点。③ 专业建设是职业院校人才培养的载体和途径，是职业教育与社会需求结合的桥梁与纽带，是职业院校主动、灵活适应社会经济需求的关键环节。职业院校如何进行专业建设、进一步提升内涵、提高人才培养质量成为职业教育发展的关键命题，这关系到职业教育发展的前途和命运。

---

① 张等菊、江渚：《高职院校专业设置与区域经济发展的适切性研究——以广东省为例》，《高教探索》2017 年第 3 期。

② 文玉锋、马倩妮、尚宏利：《我国职业教育专业设置及其发展前景解析》，《河北师范大学学报（教育科学版）》2023 年第 6 期。

③ 王博：《以专业建设为抓手提升高职院校核心竞争力——基于〈高等职业教育创新发展行动计划（2015—2018 年）〉的思考与体会》，《中国职业技术教育》2016 年第 5 期。

（三）助推职业院校专业建设评价的理论创新

目前，教育界虽然普遍意识到了职业院校专业建设的重要性，但是，对如何评价职业院校的专业建设过程和成效还缺乏系统设计，无法关注投入产出之间的正向关系，正是基于此，本书进行了评价模型构建的实践性思考。

但是，在设计和实施专业建设评价之前，需要进一步明确职业院校改革发展中专业建设评价的理论研究与理论创新，以此明晰职业院校专业建设评价的价值表征与功能定位。

第一，创新专业建设评价理论是提高职业教育适应性和灵活性的重要手段。创新专业建设评价理论有利于指导专业建设全过程积极适应新时代产业发展对人才的多样化需求，及时调整人才培养方案，科学设置课程体系，促进学生健康成长。[①] 同时，专业建设评价理论创新是以先进的评价理论来对专业建设进行系统性设计与规划，能够为职业院校内部管理提供科学依据，促进资源的合理配置和优化使用，从而提高教育的效率和效益。

第二，创新专业建设评价理论是促进职业教育"三教"改革的重要理论支撑。职业教育办学的关键性特征主要表征在专业建设上，专业即"教育性职业"，专业建设评价理论即对社会性职业进行时代性解释，对当前岗位链、产业链、教育链进行详细论证，并依据职业行动场或职业工作场的本质特点，对专业建设过程中课程体系建设、教材建设、教学实施等"三教"改革的各个环节进行

---

① 孙佳鹏：《"双高计划"背景下高职院校专业群建设评价指标研究——基于CIPP评价模式》，《职教通讯》2021年第5期。

理论指导与实践评价，最终实现，以专业契合为标杆，保障"三教"改革的质量目标。①

第三，创新专业建设评价理论是促进职业教育人才培养质量提升的重要理论支撑。专业是职业院校人才培养工作的基本单位，职业院校的生存与发展，归根到底取决于人才培养质量。职业教育专业建设评价理论创新，一是能够紧密结合行业需求进行人才质量的评价设计，例如，适当强化学生实践能力的评价，如实习表现、项目作品等，确保学生毕业时具备行业所需的实际操作能力。二是专业建设过程中更加强化人才培养的过程性评价，如学习态度、团队协作能力、问题解决能力等，促进学生全面发展。三是能够创新人才质量评价的多元化评价方法与内容，既重视专业技能、职业素养、文化素养的评价，还能够根据学生的特点和兴趣，实施个性化评价策略，激发学生的潜能和创造力。

二、概念界定、文献回顾与评论

（一）核心概念界定

1. 专业建设

学界对于专业建设的内涵没有一致界定。大部分研究从高等教育专业建设的角度出发进行展开，但是，高等教育专业建设偏重学科性，对学生开展科学、严格的学科理论教学。而职业院校的专业

---

① 吴全全、闫智勇、胡方霞、耿爱文：《职业教育高质量发展背景下"三教"改革的使命与路径》，《中国职业技术教育》2021 年第 23 期。

建设需要突出职业特性和岗位标准要求，需符合作为一种类型教育的发展规律。比较有代表的概念界说主要有以下几种：一是专业建设"构成因素说"。"构成因素说"把专业建设的内涵理解成专业建设的主要内容，认为专业建设是"专业的开发、规划、设置、更新和不断提升质量的活动"。提出专业建设的基本内涵包括专业布局、专业规模和技能培养三大范畴，其中最核心的落脚点在技能培养上，包含影响专业人才培养的目标、课程、教学、师资队伍、实训基地建设、产学研、管理机制等建设各要素。① 二是专业建设"目标—方式说"。"目标—方式说"认为"专业建设是依据教学规律和社会分工的需求，为保障高校的教学质量而采取的一系列政策与措施。其目的是培育若干教学名师、开发一套精品课程、建设一批精品教材，发展适用实验室、实习基地，以保障人才培养的质量"。② 专业建设是采取某种措施并达到一定专业建设目标。三是内涵发展说，对于职业教育而言，专业建设的内涵式发展其核心在于人才培养定位和目标明确的前提下进行规范化建设，通过专业、课程、教师队伍、教学环境等内涵要素的建设与提高，以实现学校规模、结构、质量协调持续发展的一种建设发展模式。③ 同时，职业教育专业建设不是一个纯粹理性活动的过程，它有其自身独特的逻辑，职业教育专业建设应该立足于对传统职业教育专业认识论系

---

① 王欢：《产教融合背景下职业教育专业建设对策研究——基于北京市 40 所职业院校产教融合现状的调查》，《职业技术教育》2020 年第 33 期。

② 唐纪良、曾冬梅、武波：《论学科建设与专业建设的互动关系》，《改革与战略》2007 年第 11 期。

③ 刘晓，石伟平：《论高职院校的内涵建设：从课程建设到专业建设》，《河北师范大学学报（教育科学版）》2011 年第 11 期。

统性学习的基础上，对制约职业教育专业建设的经典命题进行现代化的反思、批判和质疑，此外在实践逻辑基础上对已有职业教育专业建设各要素进行合理化的解构，以此彰显职业教育专业建设的时代适应性。①

职业院校专业建设作为一项系统工程，其中，专业设置是切入点，人才培养模式改革、教师队伍建设是核心，课程体系建设、教学模式改革与运用、实训基地建设等是前提条件，专业建设评价是保障。只有落实和推进好专业设置调研，分析和合理进行专业定位，推进以能力本位为主题的课程体系和教材开发，以项目课程为核心的实践教学和实训基地建设，做好人才培养模式、教学模式、评价模式的改革与创新，制定专业建设规范及制度，搞好信息化建设以及校企合作、企业文化建设、教研及评价模式改革、"双师型"教师队伍建设问题等工作，才能使各个方面形成合力，全面提升职业院校专业建设的质量。因此，本书认为职业院校专业建设是指根据社会分工、经济和社会发展需要，以职业核心能力培养为导向，开展课程体系、教师队伍、校企合作工学结合运行机制等方面的建设工作，其涵盖了专业设置、发展、调整、改进等全过程。

2. 效率与效益

（1）效率

"效率"英文为"efficiency"，意指有能力、能胜任、效力、效能，它源自拉丁语"efficientid"，原义为"有效的因素"。作为

---

① 王忠昌、张桂春：《从解构到重构：职业教育专业建设的实践趋向》，《现代教育管理》2018 年第 4 期。

一个专业术语，"效率"一开始较多地使用于物理和工程行业。但是 19 世纪初以后，"效率"被作为科学概念广泛用于电学和力学，多用于泛指输出能量（功率）与输入能量（功率）之比，如力学中就有机械效率（mechanical efficiency）的概念。随着经济社会的迅猛发展，效率要素得到了越来越多的关注，"效率"一词被广泛运用于经济学、管理学、社会学等领域。① 在经济学领域，亚当·斯密认为效率的提高是社会分工的结果，他在《国富论》开篇中指出，"劳动生产力上最大的增进，以及运用劳动时所表现的更大的熟练、技巧和判断力，似乎都是分工的结果。"② 近代经济学家萨缪尔森等认为，效率的内涵在于尽可能地有效运用经济资源以满足人们的需求，当社会在不减少任何一种商品生产的前提下，就不能增加另一种商品的生产时，它的运行便是有效率的，实现了"利润最大化"。③ 在管理学方面，西蒙在《管理行为》中把效率界定为"投入与产出之比、费用与效果之比、开支与收入之比、代价与收益之比"。④ 20 世纪初，科学管理之父泰罗（Taylor）为提高劳动生产率引入了生产效率（productive efficiency）的概念，并在《效率的福音》一书中对效率进行了阐述。泰罗的科学管理理论与后续实践，对社会产生了划时代的影响。⑤

---

① 杨公安：《县域内义务教育资源配置低效率问题研究》，西南大学 2012 年博士学位论文，第 27 页。
② ［英］亚当·斯密：《国民财富的性质和原因的研究》，郭大力、王亚南译，商务印书馆 2017 年版，第 7 页。
③ ［美］保罗·萨缪尔森、威廉·诺德豪斯：《微观经济学（第 16 版）》，萧琛等译，华夏出版社 1999 年版，第 2.10 页。
④ 周三多：《管理学（第六版）》，复旦大学出版社 2015 年版，第 8 页。
⑤ 田禾：《泰罗的科学管理：谋求最高的工作效率》，《化工管理》1999 年第 8 期。

本书所指的效率是教育学逻辑的效率，并不过分地（或者说"唯速度论"）强调速度意义上的"快"和时间维度上的"短"。本书主张在符合教育自身规律的逻辑下，关注职业院校专业建设投入与产出、消耗资源与建设成果之间的比率。即本书所指的效率是在开展职业院校专业建设评价的过程中，收集相关佐证信息以评判人、财、物资源投入和专业建设效果之间的比率。本书不主张高速度的职业院校专业建设，而是主张资源配置优化、资源利用充分、专业建设成果显著的职业院校专业建设效率取向。

（2）效益

关于效益的权威界定，到目前为止没有统一的说法。效益作为效率含义的延伸和拓展。在效率得以推广应用后，"利益"概念随之扩展、演变，效益被使用的频率逐步提升，并出现不同的解释。[1]《辞海》把效益定义为"由行为产生的有效结果"。换种角度讲，实践活动总会产生结果，效益对实践活动讲就是效果。如果效果能够为实践主体带来利益，便称之为效益。[2] 所以，效益更强调成果评价，而且是有效的结果，或者说是能为主体带来利益的成果。实践活动所要产生的有益效果及其所达到的程度就是效益，它是利益和效果的总称。[3] 经济学家把效益定义为"社会经济活动中物化劳动和活劳动的消耗同取得的符合社会需要的劳动成果的对比关系"。在这里，经济效益至少包含"投入与产出（所费与所得、

---

[1] 曲恒昌、曾晓东：《西方教育经济学研究》，北京师范大学出版社 2000 年版，第 163、169 页。

[2] 姜炳坤：《经济效益概论》，山东人民出版社 1987 年版，第 1 页。

[3] 于泽：《我国文化产业发展效益效率评价及资金配置对策研究》，中国矿业大学 2014 年硕士学位论文，第 17 页。

消耗与成果）的对比关系"，反映生产过程特点和"产出（所得、成果）必须符合社会需要"两层含义，说明经济效益还是一个社会化概念，反映的是生产与交换、分配、消费的关系。① 需要进一步说明的是，产出符合社会需要是对市场经济条件下经济效益的质的规定。

笔者认为，效益是对人们社会实践活动合乎目的性和有用性的实现程度的评价。因此，有的学者在解释效益时直截了当地提出它是价值概念的进一步发展，在某种意义上讲，效益就是价值。② 即，效益是以"质量合格"为前提。在本书中，效益作为职业院校专业建设 CIPP 模式评价的价值取向，也即通过对职业院校专业建设进行 CIPP 评价，进而实现职业院校专业建设所培养人才与社会需求、专业建设本身内在规律的均衡，进而实现专业与产业、职业岗位对接，专业课程内容与职业标准对接，教学过程与生产过程对接，学历证书与职业资格证书对接，职业教育与终身学习对接。

3. CIPP 评价模式

CIPP 评价模式是在泰勒模式后发展起来的评价模式，其基本观点是"评价目的不在于证明而在于改进"③。1966 年美国教育改革运动中，美国学者斯塔弗尔比姆（Stufflebeam, D. L.）在批判目标评价模式的基础上创立了 CIPP 评价模式，其又被称为决策导向型模式，把评价过程分成背景、输入、过程和成果四部分评价，分

---

① 杨葆焜、范先佐：《教育经济学新论》，江苏教育出版社 1995 年版，第166—167 页。

② 杨葆焜：《教育经济学》，华中师范大学出版社 1992 年版，第 301 页。

③ 陈玉琨：《教育评价学》，人民教育出版社 1999 年版，第 86 页。

别是 Context, Input, Process, Product。[1] 在后期的教育改革实践过程中，斯塔弗尔比姆又对该模式进行了进一步改进，他将"成果评价"进一步细分为影响、成效、可持续性和可推广性四个组成部分。[2] 在具体评价过程中，CIPP 评价模式包括背景、输入、过程、成果评价四个步骤。四个步骤即是四类评价，它们相互结合构成 CIPP 评价模式。

本书所指的 CIPP 评价模式是基于"两效四核"的职业院校专业建设 CIPP 全息性评价模式，它既涵盖了专业建设过程中对专业建设背景、建设资源输入、建设过程和建设结果四个评价环节，同时还进一步吸收大数据背景下，充分运用信息采集和管理平台，KPI 等数据分析系统的评价理念，最大限度地追求评价过程中效率和效益的统一。

（二）关于职业院校专业建设的研究综述

对文献收集进行分析可以发现，当前关于职业院校专业建设研究的四大特点：一是从学理性出发来研究职业院校专业建设的相关问题；[3] 二是从产教融合、专业群建设角度分析专业评估；[4] 三是

---

① D.L.Stufflebeam, G.F.Madaus, T.Kellaghan, *Evaluation Modles: View Points on Educational and Humman Services Evaluation*, Boston: Kluwer Academic Publishers, 2000, pp. 280, 287, 313.

② D.L.Stufflebeam, *The CIPP Model for Evaluation*, 2003 Annual Conference of the Oregon Program Evaluat or Network(OPEN), Portland, Oregonn, 2003, p.157.

③ 闫飞龙、聂伟：《同构同值：高等职业教育专业建设跨界融合的逻辑与路径》，《中国高等教育》2023 年第 19 期。

④ 刘晓、钱鉴楠：《职业教育专业建设与产业发展：匹配逻辑与理论框架》，《高等工程教育研究》2020 年第 2 期。

从具体的某一专业出发论及专业建设问题①；四是从本科层次职业教育探究更高层次职业教育专业建设的有效性②。但总的看来，关于职业院校专业建设的整体研究情况分析较多。重要的学术观点如下。

第一，关于职业院校专业建设的整体性研究。分析文献可以发现，对一个国家或区域来说，职业院校专业建设应包括数量建设、质量建设及空间建设。对某所学校来说，一是要做到与国家、区域内职业教育专业建设上的数量与空间发展相协调；③ 二是要加强质量建设，其主要内容包括专业拓展、专业改造、专业特色创建、专业教师队伍建设、校内外实训基地建设以及专业建设评价等内容。④ 进行职业院校专业建设评价研究实践的前提与基础是对职业教育问题本质的正确认识，对职业院校专业建设基本特征的正确把握是提升职业院校专业建设评价研究实效性的有效举措。普通高校的专业为学科承担人才培养的职能而设置，专业建设以学科发展为导向，学科是大学实现人才培养与科学研究的基本单位，是现代大

---

① 钱维存：《学习者视角下职业院校专业群建设的实践逻辑》，《职教论坛》2020 年第 7 期；薄国华：《山西省中等职业教育专业建设现状分析及发展对策》，《教育理论与实践》2020 年第 18 期。

② 彭爱辉、徐佳：《本科层次职业教育专业设置的价值意蕴、逻辑机理与实践路径》，《职业技术教育》2021 年第 31 期。

③ 荀莉：《对接行业需求 优化专业设置 助推职业教育高质量发展——〈行业人才需求与职业院校专业设置指导报告〉总述》，《中国职业技术教育》2020 年第 5 期；张俊义、宋莹、薛新巧：《"双高计划"背景下高等职业教育专业群课程建设研究》，《教育与职业》2021 年第 05 期。

④ 廖晨竹：《职业院校专业建设与区域产业转型升级融合发展探析》，《教育与职业》2019 年第 22 期；王欢：《产教融合背景下职业教育专业建设对策研究——基于北京市 40 所职业院校产教融合现状的调查》，《职业技术教育》2020 年第 33 期。

学的立学之本、教学之基,① 因此相比于专业建设,普通高等教育更强调学科建设。而职业院校专业则是根据社会职业分工而设置,面向职业岗位或岗位群,专业建设以市场需求为导向,具有鲜明的职业性特征。② 职业院校专业建设是院校发展的主要内涵和重要手段,直接关系到人才培养的目标、规格和质量。职业院校专业建设需根据学校整体办学定位进行专业设置和调整,③ 有效推进职业院校专业建设,学校不能只停留在专业自身"怎么建",更需深入分析"为什么建";④ 为什么建是专业建设存在的前提和基础,怎么建是专业自身价值的实现方式。在专业建设实践中,学校要首先回答为什么建,再考虑怎么建。由于专业建设的跨界性特点,职业院校需重点考虑和思考"建什么专业"、"谁来建"、"建设内容如何"和"建设措施有哪些"等问题。另外,有学者从问题出发,探讨了职业院校专业建设的差异化理念与实践路径。高职院校专业差异化建设的路径以价值为主线展开:首先,分析竞争集中的价值元素;其次,根据战略布局绘制专业建设的价值曲线;最后,制定相应的差异化战略。也有学者从适应性发展背景出发探究职业院校专业建设问题⑤,认为"应建立在市场导向和全员参与的基础上的专业建设新

---

① 李立国、冯鹏达:《从学科建设到学科治理:基于松散耦合理论的考察》,《华东师范大学学报(教育科学版)》2022 年第 2 期。

② 汪长明:《关于职业教育专业和课程标准体系建设的思考》,《教育与职业》2019 年第 2 期。

③ 宗诚:《基于访谈调查的职业教育专业教学资源库优化策略探析》,《职业技术教育》2019 年第 32 期。

④ 涂三广:《职业院校专业建设:要素与逻辑》,《中国职业技术教育》2012 年第 21 期。

⑤ 徐兰、王志明、何景师、苏楠:《一核一带一区背景下广东高职专业建设与产业发展的适应性研究》,《黑龙江高教研究》2021 年第 12 期。

机制，以校企合作为基础，优化人才培养方案，强化工学结合课程建设，培养应用能力强，创新能力高的学生，从而使专业主动适应区域经济布局，适应产业结构调整和适应职业岗位变迁"①。

第二，从具体某一专业出发来研究专业建设问题。由于我国职业院校专业建设研究起步晚，很多研究选择从单一专业的角度来展开研究。例如，高职旅游管理作为一项顺应了旅游行业发展和现代服务业发展需求产生的专业，要实现高质量的专业建设目标，就必须走协同发展道路，充分发挥政府、学校、行业、企业四方在专业建设中的优势和作用，合理配置资源和要素，深度合作，从而实现四方联动；②再如，以公安监所管理专业为例反思了特色专业建设问题，提出瞄准"创新、立高、树特"这三大专业发展需求，以科技、能级、人文为牵引，从专业教学体系、能级评价机制、实验实训基地、行业应用智库及社会服务品牌五个方面开展规划与建设，开启打造高水平公安监所管理特色专业的探索与实践之路；③又如，基于农业产业结构转型升级的视角指出，农业职业教育专业建设过程中一方面专业设置需要对接现代化农业产业体系的发展，另一方面则需要提升中职—高职专科—职业本科之间的专业贯通性，实现农业职业教育专业建设的内涵式发展。④

---

① 王亚南、成军：《我国职业教育专业群研究的轨迹、热点及未来趋势》《教育与职业》2021 年第 3 期。

② 余杰：《"政校行企"协同视域下高职院校专业建设路径及策略——以重庆电子工程职业学院旅游管理专业为例》，《职教论坛》2019 年第 8 期。

③ 秦飞：《职业院校特色专业建设实践探索——以公安监所管理专业为例》，《中国职业技术教育》2020 年第 23 期。

④ 韦云凤、褚美琦、廖东声：《农业职业教育专业结构适应性分析——基于广西农业产业结构转型升级发展》，《社会科学家》2023 年第 8 期。

第三，比较研究视角下的职业院校专业建设研究。在探寻职业院校专业建设过程中，有些学者从比较研究的视角出发，从域外探究职业院校专业建设的有效路径。一大批学者从比较研究视角出发研究了职业院校专业建设的问题。[①] 在中德农业职业院校特色专业建设对比研究中对比分析了德国农业类特色专业建设的具体情况；[②] 在中美高等职业教育专业建设比较研究中认为美国社区学院在学制、课程设置等建设方面能为我国中职院校专业建设体系所借鉴。[③] 同时，有学者总结指出，整体而言在"双高"建设背景下，我国职业教育专业建设对外合作的成绩逐渐提升，但同时也存在诸多现实问题，例如，国际人才培养定位不精准，缺乏指引与助力；中外课程交融不深，实用性和创新性不足；跨资源互通不足，育人与评价模式脱离学生主体；中外教师资质欠佳，无法胜任高水平协同育人；中外跨界意识不强，专业缺乏延展度和辐射度。[④]

（三）关于 CIPP 评价模式的理论与实践研究

CIPP 评价模式分别从背景（Context）、输入（Input）、过程（Process）、成果（Product）等四个方面进行综合评价。其中，背景评价是对教育环境中的学生需求、问题、资源和机会等进行评

---

① 刘松林、赖韵臻、陈琳：《国际先进水平高职专业群的特征、要素与建设路径》，《现代教育管理》2023 年第 10 期。

② 陈东：《德国职业教育专业教学标准开发特征及启示研究》，《中国职业技术教育》2020 年第 29 期。

③ 魏明：《新中国职业教育专业建设实践与研究 70 年：回顾与展望》，《职教论坛》2019 年第 10 期。

④ 余键、黄翔：《"双高"背景下高职中外合作专业建设路径分析》，《教育理论与实践》2020 年第 33 期。

价，是确定目标、优先事项及判定结果意义的基础。输入评价是评价不同资源、方案及计划等满足需求的潜力，是规划方案和分配资源的手段。过程评价是评价教育方案的执行情况，为活动实施及后续解释结果提供支撑。成果评价是评价教育方案实施结果，确保教育活动未偏离正轨及确定活动有效性。① 目前，我国学界对 CIPP 评价模式的研究成果相对丰富，既包含高等教育、中等教育、职业教育、学前教育等教育学领域，还包括文学、材料学、生物学等跨学科的研究成果。例如，鉴于 CIPP 模型的全程性特征，即将评估活动贯穿于整个教学过程，企业建立起了以 CIPP 评价模式为基础的安全培训评估体系。② 再如，基于 CIPP 评价模式，有学者构建了基础护理学实践教学评价模型，并用以提高课程教学质量和护生的实践操作能力。③ 具体而言，CIPP 评价模式在实践层面应用如此广泛，主要是因为 CIPP 评价模式将评价与课程设计、方案制定和实施紧密联系起来，使评价覆盖了整个综合实践活动课程运行的全过程，能够及时发现问题，并给予信息反馈，这对整个综合实践活动课程的运行和持续发展有着重要意义。④

---

① 王晓杰、宋乃庆、张菲倚：《小学劳动教育测评指标体系研究——基于 CIPP 评价模型的探索》，《教育研究与实验》2020 年第 6 期。

② 阳富强、黄贤煜、刘广宁：《企业安全培训评估体系的 CIPP-SEM 模型》，《中国安全科学学报》2015 年第 4 期。

③ 宇寰、章新琼、赵梅、胡燕：《基于 CIPP 模型的〈基础护理学技能〉实践教学评价》，《中国校医》2017 年第 2 期。

④ 马玲玲：《基于 CIPP 模型构建综合实践活动课程评价指标体系》，《教学与管理》2020 年第 9 期。

（四）关于职业院校专业建设 CIPP 评价模式研究

职业院校专业建设评价重要性正逐步得到教育行政部门和职业院校的高度重视。从职业院校 CIPP 评价模式的研究来看，对某一专业的评价理论和实践研究正在不断兴起。例如，借助 CIPP 评价模式对职业学校创业教育的内涵本质进行讨论，并且建立起基于 CIPP 的职业学校创业教育评价模型，对职业学校创业教育的实施成效进行调查。[①] 再如，有学者从 1+X 证书的实际试点情况出发，将 CIPP 评价模式理论合理应用到职业教育人才评价中，系统性分析了 1＋X 证书制度在背景（Context）、输入（Input）、过程（Process）、成果（Product）等四个方面在职业教育人才培养一体化评价中的可适用性，并提出了职业教育人才培养一体化评价的要素整合路径。[②] 又如，通过厘清高职学前教育专业实践教学的内生逻辑，结合 CIPP 模型和《学前教育专业认证标准》（第二级）对于学前教育专业教学质量标准的相关描述，有学者重构了包括培养定位、存续条件、教学实施、评审管理四个层面的职业教育前教育专业的实践教学体系，形成了"一体两翼一助推"的实践教学体系。[③] 还有学者结合价值论、系统论以及利益相关者理论，从产教融合的空间、时间及价值等维度开展系统性评价，将学校和企业各

---

① 杨海华：《基于 CIPP 的职业学校创业教育评价研究》，《职教论坛》2019 年第 9 期。

② 罗银科、杜茜茜：《1+X 证书制度下职业教育人才培养一体化评价研究》，《现代教育管理》2020 年第 11 期。

③ 杨海华、宋怡宁、闫孟宇：《基于 CIPP 的高职学前教育专业实践教学体系重构与路径优化》，《职教论坛》2023 年第 3 期。

方利益需求、资源条件，以及共融共建目标、过程、结果和各方利益平衡与发展等质量因素，构建起了基于 CIPP 的产教融合质量评价模型。[①]

（五）文献研究评述与研究启示

从文献检索、收集整理分析和文献综述的综合情况来看，当前我国关于专业建设的文献较多，但主要集中于 2000 年之后，关于职业院校专业建设的相关研究文献的发表年度也集中于 1998 年之后，特别是 2006 年以后相关文献呈几何倍数增长。这说明我国关于该领域的研究起步较晚，还缺乏深入的思考；同质性研究较多，造成大量的信息雷同；职业院校专业建设的重要性已经成为普遍共识。同时，关于 CIPP 评价模式的研究主要侧重于理论介绍和结合各学科或领域的实际需要来借用性应用研究，还缺乏本土化的实践性研究或进行本土化的理论重构。进一步结合本书选题来看，之前的研究对职业院校专业建设评价的关注度还不够，理论建构还需要进一步探索。而现有将 CIPP 评价模式运用于职业院校专业建设的研究往往偏重某门课程或某个专业，缺乏系统理论构建和实践运用层面的深入阐述。虽然职业院校专业建设提出了"以就业为导向"作为改革发展的目标，但是，这种目标并没有明确指向具体的价值导向和表征方式。因此，本书以效果为前提，效率为关键，效益为目标，提出专业建设以效率和效益为价值导向，将专业建设 CIPP 评价模式的实践研究作为提高建设效益的切入点，以期对我国职业

---

① 秦凤梅、莫堃：《基于 CIPP 模型的职业教育产教融合质量评价研究》，《西南大学学报（社会科学版）》2022 年第 3 期。

院校专业建设改革发展有所贡献。

三、研究设计

（一）研究目的

本书的研究目的在于通过梳理当前我国职业院校专业建设存在的问题及影响因素，找到引进 CIPP 评价的必要性，确立以效率和效益为核心的评价价值导向，以实践研究为方法手段，构建以 CIPP 评价模式为核心的职业院校专业建设评价模式，探索出一条适合现代职业教育体系背景下的职业院校专业建设科学路径，进而促进中国职业教育科学发展。

（二）研究内容

内容一：职业院校专业建设评价的问题解析与反思。基于当前职业院校专业建设、CIPP 评价模式理论和专业建设评价方面的相关研究，开展职业院校专业建设评价现状调研，在此基础上，梳理当下职业院校专业建设评价存在的主要问题，并对问题表现进行原因分析。

内容二：职业院校专业建设评价价值取向研究。厘清当前职业院校专业建设的价值取向，分析不同取向引领下的职业院校专业建设优劣异同，提出职业院校专业建设评价效率与效益的价值取向。

内容三：职业院校专业建设 CIPP 评价的四核指标体系建构。确定和阐述基于效率与效益价值取向的职业院校专业建设相关问题的内涵及表现，形成新的专业建设评价体系，并对构建的职业院校专业建设体系内涵进行解读。

内容四：职业院校专业建设 CIPP 评价的全息性模式建构。构建基于"两效四核"的职业院校专业建设 CIPP 全息性评价模式，确定可行的实践操作程序，设计评价实施方案和技术路径。

内容五：职业院校专业建设 CIPP 评价的个案研究。按照评价指标体系和评价模式操作的具体要求，遴选具有典型性和代表性的个案；通过个案分析，验证本书理论假设和实践操作设计的科学性和可操作性。

内容六：职业院校专业建设 CIPP 评价的原理归结。践行职业院校专业建设的 CIPP 评价模式，并进行经验总结与梳理。以点带面，总结各个部分体现出来的相关原理。

（三）研究思路

本书遵循了背景性研究—假设性研究—主体性研究—个案评析研究—原理归结的研究过程与研究思路。

第一，在背景性研究部分，通过对职业院校专业建设评价、CIPP 评价等文献的梳理，探明职业院校专业建设评价研究进展与存在的主要问题，进而为本书的迫切性与必要性提供现实依据。

第二，在假设性研究部分，通过对职业院校专业建设评价研究理论假设的构建，探明职业院校专业建设评价存在的主要问题与理论体系，为本书提供导向与轴心。

第三，在主体性研究部分，基于职业院校专业建设评价研究已有的成果及相关理论基础，围绕职业院校专业建设评价价值取向、评价指标体系架构、评价标准表征解读、评价模式构建和实践操作四个方面，系统设计职业院校专业建设 CIPP 评价模式和操作程序，以凸显专业建设评价的科学性与可操作性。

第四，在个案评析研究部分，通过研究者参与的方式对个案学校的人才培养目标确定、人才培养模式改革和课程体系建设、教师队伍建设和校企合作工学结合运行机制建设等专业建设内容的分析与点评，以验证理论假设和评价模式设计的科学性和有效性。

第五，在原理归结部分，基于背景性研究、假设性研究、个案评析研究等研究内容和成果，以点带面，归纳总结职业院校专业建设 CIPP 评价的基本原理，以提升本书的理论水平。

（四）研究方法

针对研究不同阶段的突出特点和实际需要，本书主要采用了三种研究方法，并注重方法之间的结合与侧重。

1. 文献研究

文献研究在科学研究中具有重要的位置。美国科学基金委员会和美国凯斯工学院研究基金会曾调研发现，科研实践中用于开展图书情报资料研究的时间，占一项科研实践时间的三分之一以上。

表 0-1　研究实践活动时间比例调查（%）

学科类型	课题选定	情报收集 整理与加工	科学思维 科学实验	学术观点 形成（论文）
社会科学	7.7	52.9	32.1	7.3
理工科	7.7	30.2	52.8	7.3

文献研究是本书的基础和起点，通过查阅现有文献、搜集与职业院校专业建设评价研究领域的有关信息，对所研究问题进行系统的批判性分析。针对研究实际，做好扎实的文献分析，掌握较为完善的文献资料方能形成科学性的研究依据。文献研究不仅使笔者掌握本书已有的成果和资料，也为笔者建立本书的框架提供思路，并做好相应的理论准备。

2. 调查研究

调查研究是研究教育发展脉络和变迁的重要方法，是对教育活动进行认识和改造的主要手段。本书中所使用的调查研究法主要是访谈法，以此了解当前职业院校专业建设存在的主要问题，佐证文献研究结论的正确性和有效性。本书主要将访谈法用于获取当前职业院校专业建设现状的有关信息。笔者在研究过程中能够接触到许多职业院校的教师或管理人员，他们对专业建设有着丰富的实践经验和深刻的理性思考，通过访谈他们，能充分、准确了解当前职业院校专业建设中存在的问题，从而为本书提供了丰富的实践土壤和比较坚实的现实基础。

3. 个案研究

个案研究法通常是指对某一个体、某一群体或某一组织在较长时间内连续进行调查，从而研究其行为发展变化的全过程，也称为案例研究法。职业院校专业建设 CIPP 评价模式实践研究，将在建构评价模式以后枚举个案实践的具体过程和案例，以此引出当前职业院校专业建设内涵发展路径，验证评价模型的效用性。随后，在借鉴和重新解读 CIPP 评价模式理论的基础上，丰富和完善适合现代职业教育体系，基于"两效四核"的职业院校 CIPP 全息性评价模式，并进行原理归结。

四、研究创新

（一）研究方法运用的突破

本书基于 CIPP 评价理论、专业周期理论、系统理论以及行动研究理论的视角，系统阐释职业院校专业建设评价的现状和存在的主要问题，将效率与效益作为专业建设评价模式构建的主要价值取向。运用多学科研究视角，开展系统研究，构建评价模式，并进行实践操作，形成综合性强、纵横关联的研究模式。

（二）研究设计与思路创新

本书遵循了背景性研究—假设性研究—主体性研究—个案评析研究—原理归结的研究思路，将原理归结置于特有的问题假设基础上，体现了问题与原理一致性研究原则。尤其在整体研究逻辑中遵循层层剥离的原则，对实践研究中的评价价值取向、评价标准表征、评价标准解读、评价模式构建进行深入研究，呈现出较为明晰的逻辑演绎思路。

（三）研究内容与对象的创新

本书开篇提出基于效率与效益的价值取向和理论与实践假设，引入斯塔弗尔比姆创立的 CIPP 评价模型展开职业院校专业建设评价模式建构研究和实践，并设计出了适合地方特色的专业建设CIPP全息性评价模式，在个案实践中关注职业院校专业建设效果的增值情况，强调专业建设过程与表现的真实性和发展性，在研究内容方面表现出较大的新颖之处。

五、研　究　意　义

（一）理论意义

第一，近年来，随着国家越发重视职业教育，职业教育的春天到来，井喷式、短平快、粗放式发展，导致内涵建设存在诸多不足，职业院校毕业生就业结构性矛盾不断凸显，职业院校内涵建设缓慢进程导致职业院校专业建设乱象丛生；经济社会发展转型过程中对人才的需求变化日新月异，这对职业院校专业建设的价值导向和转型提出了更高的要求。虽然有很多学者已经或正在开展职业院校专业建设的相关研究，但是如何评判专业建设的有效性和质量还鲜有标志性成果。本书立足社会需求和专业建设的内在规律，提出职业院校专业建设的评价"两效"价值取向，这对反思、启发和重新表征现代职业教育体系建设背景下，职业院校专业建设价值体系具有一定的理论意义。第二，在职业院校专业建设中引入CIPP评价模式，构建基于"两效四核"的职业院校专业建设CIPP全息性评价模式，对职业院校专业建设评价的理论建构不无裨益。第三，运用教育学、社会学等诸多视角研究方法，以实践研究为主线来确定整个研究程序和过程，对寻找评价理论假设、评价模式构建并走向实践操作的有效路径具有较强的指导意义。

（二）实践意义

第一，能有效引领和指导职业院校专业建设实践。基于当前职业院校专业建设中存在的种种问题，本书基于职业院校专业建设 CIPP 评价模式的实践研究，将能够直接有效地指导职业院校开展专业内涵建设实践工作，促使职业院校提高专业建设的效率与效益，一定程度上解决产业结构转型升级过程中社会需求和专业建设内在规律上的矛盾冲突，提高办学的针对性、有效性和持续性，实现错位发展。第二，能直接为职业院校专业建设评价提供操作范例。本书所建构的基于"两效四核"为价值导向的职业院校专业建设 CIPP 全息性评价模式，是对 CIPP 评价模式的继承和解读，它将为当前职业院校在现代职业教育体系建设要求下如何开展专业建设和评价工作提供一个有效的参考模型，帮助专业建设实践者实时掌握专业建设的具体状态，实时调整专业建设方向，提高专业建设的质量和效益。第三，能给职业院校专业建设评价操作提供参考经验。基于实操的职业院校专业建设 CIPP 模式评价研究，在实践探索过程中总结、归纳经验和实施的科学路径，将为相关评价模式的选择与构建提供一定的经验启示，也能为评价模式的有效利用提供参考。

第一章 职业院校专业建设评价的
问题解析与反思

专业建设和职业院校的生存和发展密切相关，它是学校与社会有效对接的直接纽带，也是学校自身内涵建设的核心内容，因此，在构建现代职业教育体系的诉求下，发展职业院校就必须以专业建设为重点。2019 年 3 月，教育部、财政部印发《关于实施中国特色高水平高职学校和专业建设计划的意见》明确指出，"集中力量建设一批引领改革、支撑发展、中国特色、世界水平的高职学校和专业群，带动职业教育持续深化改革，强化内涵建设，实现高质量发展，现就实施中国特色高水平高职学校和专业建设计划"。同时，教育部正在制定新一轮高职"双高计划"遴选方案和中职"双优计划"实施意见，到 2023 年，中职学校教学条件基本达标，遴选1000 所左右优质中职学校和 3000 个左右优质专业、300 所左右优质技工学校和 300 个左右优质专业。可以看出，国家层面将职业教育专业建设放在重中之重的位置，尽管如此，我国职业院校专业建设的问题也不容忽视。通过专业建设评价了解专业建设现状、巩固专业建设的优势和特色、总结提炼专业建设的经验和做法、诊断专业建设的问题和不足，为专业建设提出适切性的建议和意见，是保障和推动职业院校专业建设工作的有力抓手。

一、职业院校专业建设内涵与评价诉求

要研究职业院校专业建设的评价问题，就必须首先形成对职业院校专业建设的清晰认识和一致理解，也需要对专业建设和评价关系进行全面梳理，这是探讨职业院校专业建设评价的起点。

（一）专业建设内涵解析

如图 1-1 所示，对专业建设的理解，可以从区域和学校两个层面来进行简要说明。区域层面的专业建设是教育行政管理部门根据区域功能区定位、产业结构、经济增长方式和科技进步的特点，紧密结合重点产业、战略新兴产业和特色产业的发展需要，建立区域内布局合理、结构优化、特色鲜明、品牌纷呈的职业教育专业体系，逐步形成学校之间定位准确、错位竞争、优势互补、各有所长、有序发展的专业建设良好格局。具体说来，包括优化布局、调整结构、促进改革、打造品牌、完善机制等五个方面的内容。

学校层面的专业建设是具体某一职业院校坚持以服务为宗旨，以就业为导向，结合自身优势，科学精准定位，紧贴市场、紧贴企业、紧贴生产服务一线设置专业，并主动创新、积极改革，以人才培养模式创新为切入点，以课程体系构建与教学内容改革为抓手，以"双师型"师资队伍建设、实训基地建设为支撑，促进专业自身内部各要素的良好沟通和运转。具体内容包括五个方面的内容。

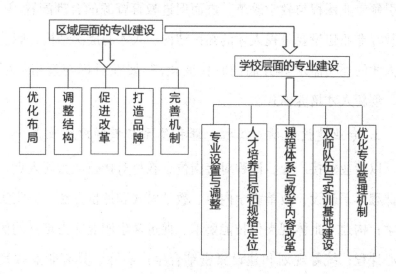

图 1-1　专业建设的层次及内涵

1. 专业建设的逻辑起点：专业设置与调整

高质量发展关键在人才。作为培养人才的学科专业，职业教育专业建设必须紧随经济社会发展，适应高质量发展。[①] 为此，必须建立市场调研与分析制度，对区域产业结构和经济增长方式的变化，劳动力市场对专业人才需求的变化，毕业生的就业质量与变化等情况进行定期调查和分析，以此为基础设置专业，调整和改造传统专业，形成专业集群。

2. 专业建设的关键要素：人才培养目标和规格定位

人才培养目标是对所要培养人才质量的总规定，人才培养规格是人才培养目标的具体化。人才培养目标和规格一方面要反映职业

---

① 桂德怀：《高质量发展视域下高职院校专业与产业适配性考量与优化——以江苏省为例》，《中国职业技术教育》2023 年第 32 期。

岗位对学生的内在要求，反映学生职业生涯发展的需求，另一方面要引领专业课程与教学改革，进而促进教育资源的合理配置。[①] 职业教育专业建设要重视人才的知识结构、人才的层次结构、职业教育人才的类型需求等方面的时代变化,[②] 要在目标与规格的引导下，创新人才培养模式。

3. 专业建设的核心工程：课程体系与教学内容改革

以专业对接产业、课程对接岗位、教材对接技能为切入点，进行课程体系建设，改革教学内容、教学模式和评价方法，夯实实践教学；构建一批体现岗位技能要求、促进学生职业能力培养的优质核心课程；统筹规划和建设紧密结合生产实际、具有职业教育特色、展示方式多元化的教材体系和教辅资料是专业建设的重要内容。

4. 专业建设的基础条件：双师队伍与实训基地建设

"双师型"教师队伍建设既要优化教师群体的"双师"结构，又要提高教师个体的"双师"素质，进而造就一批基础理论扎实、教学实践能力突出的专业带头人和教学骨干。同时，实训基地建设要充分统筹校内校外资源，建成一批融教学、培训、技术研发和职业技能鉴定功能于一体的实训基地，这是专业发展的基础性条件。

5. 专业建设的保障措施：优化专业管理机制

专业建设涉及职业院校的不同部门和人员，内容包括教育教学

---

① 李静、黄群、陈锡宝：《高职院校专业质量的保障目标与体系设定》，《上海城市管理》2015 年第 1 期。

② 周静：《"工业 4.0"战略对职业教育的挑战及应对》，《教育与职业》2017 年第 2 期。

工作的方方面面，因此，建设一个优质专业，需要集合各方力量，统筹好各个环节，提高专业建设的效率和效益，加强专业建设过程与结果的监控，保障专业建设工作有序、规范、高效地开展。

（二）专业建设评价诉求

作为质量保障的一种重要形式，评价的本质是一种价值判断，评价的过程本质上是一个诊断、鉴定和促进改革的过程。专业建设评价也是如此，它以专业建设为对象，根据评价标准，利用行之有效的评价手段，通过定量、定性分析，对专业定位与规划、人才培养方案、课程与教学改革、师资队伍建设、实训条件建设等基本要素进行价值判断，进而总结专业建设的经验和成效，诊断专业建设的问题和不足。专业建设在现代职教体系建设中扮演着不可或缺的角色，因此，必须以专业建设评价为着力点，充分发挥其鉴定、诊断、激励和导向的作用，提高专业建设质量和效果。

专业建设评价在当前职业院校发展中虽然得到广泛使用，但是，目前推行的专业建设评价以鉴定、选优型居多，这种评价类型无法从根本上触及职业院校专业建设的质量核心，诊断专业建设过程中存在的具体问题，弱化了对专业建设的改良作用。如何进行更加有效的资源投入，科学评价投入产出之间的比率，便捷、高效、全方位地进行专业建设评价与诊断，成为专业建设评价的重难点。

当前，专业建设需要进行科学评价、挖掘和凝练经验和成果，发挥现有专业建设绩效在社会经济发展中的作用，促使社会各界了解并支持职业教育发展，为构建现代职教体系打下社会基础；同时，需要科学诊断、鉴别专业建设中存在的问题与不足，提升专业建设水平，提高人才培养质量，为构建现代职教体系打下质量基础；引导职业院校加强和企业行业的合作，对接产业、职业岗位要求开设专业，对接职业标准选择专业课程内容，改革人才培养模式，提高人才培养的适切性，为构建现代职教体系打下就业基础；通过评价标准的建构，引导政府、职业院校加大专业建设经费及资源投入，为构建现代职业教育体系打下经济基础。

二、职业院校专业建设评价的问题归结

随着现代职业教育体系建设的进程加快，职业院校专业建设评价工作受到越来越多的关注。一方面，实践经验和成果越来越多地得到总结和推广；另一方面，新旧问题的此起彼伏也亟待深入研究和解决。要透彻认识在专业建设评价中存在的种种问题，就必须对专业建设中的现有不足进行同步分析，这是透过问题现象找准问题根源的必然要求。

（一）专业建设存在的基本问题

职业院校专业建设工作是一个复杂的系统工程。每个系统都具备整体的要素、结构和功能，以及整体的空间占有和时间展开等等。系统的要素关系构成了系统的结构，而结构又决定着系统的功能。系统的方法论，就是要求从整体上认识、把握并解决问题，即整体的、全局的观点，也就是强调所有要素缺一不可。完整的专业建设是由专业设置与调整、人才培养目标和规格定位、课程体系与教学内容改革、"双师型"教师队伍与实训基地建设、优化专业管

理机制建设等要素按照一定的时间关系和空间关系有机关联的综合体，每一个要素本身又构成一个子系统，任何一个要素的缺失都会影响专业建设整体功能的充分发挥。

1. 专业建设关注专业内部要素，对专业外部环境分析不足

随着职业院校专业建设意识的觉醒，对专业建设各个要素的关注也日益增多，其中，尤其是对课程建设、教师队伍建设和实习实训基地建设三大要素最为关注，几乎贯穿在专业建设的全过程，但是这种关注更多地停留于对课程、教师和学校硬件条件的狭隘理解，忽视了产业、行业、企业和职业岗位等外部环境对专业建设的重要影响。

以 A 地区中职学校专业开设情况为例，A 地区开设了 135 个专业，开设率仅为 42.1%。"教育类"专业只开设学前教育专业；"信息技术类" 18 个专业中开设有 15 个，占 83.3%；"休闲保健类" 4 个专业中开设有 3 个，占 75%；"加工制造类" 34 个专业中开设有 21 个，占 61.8%；"财经商贸类" 21 个专业中开设有 11 个，占 52.4%。从设置情况和产业链接分析发现，专业开设率和专业分布难以适应该地区支柱产业和战略新兴产业发展需要。职业院校在专业设置和后续建设过程中，未能及时跟进产业转型升级需求，动态调整专业，专业围绕产业转的力度偏低。

个别职业院校在进行专业设置、定位人才培养目标时，没有充分研究和分析区域的主导产业、重点产业、特色产业的发展现状和趋势，或者仅仅依靠一般的社会调查来获取咨询，对区域经济发展战略，包括产业政策、劳动力市场前景等缺乏深刻认识，进而盲目地设置了专业和人才培养目标；或者有职业院校将专业设置理解为

一锤定音的短暂行为，在较为合理地完成专业设置以后，就停止了对产业布局和调整情况的持续关注，缺失了对专业的动态调整。

以 B 地区为例，近几年该地区对产业结构进行了调整和重新布局，将原有产业改造升级为轨道交通、大型输变电及装备、新能源汽车、特种船舶、国防军工、结算类金融和创新型金融、网络服务、电子信息等战略性产业。为此，职业院校的专业建设和改革也应从面向传统的制造行业转向更广泛的行业链和产业而发展，积极对接新技术岗位、新职业岗位开设与现代制造业、战略性新兴产业和现代服务业相对接的专业，促进我国现代产业体系的建设，实现我国社会经济的绿色健康发展，[①] 使专业建设始终保持生命力。然而，个别职业院校的专业建设并没有紧跟产业升级改造的步伐，还仅仅停留在经验式发展或者工作惯性的基础之上。

区域经济转型和产业结构调整升级牵动着职业教育的变化，即需要不同类型的高素质技能型人才，因此，行业要素是人才培养的重要立足点之一。个别职业院校在专业建设过程中较少融入行业要素，一方面对行业近期和中期人才需求的数量没有准确的预测，另一方面对行业标准和新技术要求等也没有及时吸收到专业建设的内容中去，导致人才培养缺失了市场需求的针对性和适切性。

实习实训基地建设是职业院校普遍比较重视的一个要素，尤其是在职业教育规模发展进程中，成为判定职业院校专业建设水平的关键要素，而校内实习实训基地建设又常常受到更多的青睐，因为它和职业院校的经费投入有着直接的关联。然而，校内实习实训基

---

① 朱德全、杨磊：《职业本科教育服务高质量发展的新格局与新使命》，《中国电化教育》2022 年第 1 期。

地建设不仅仅是硬件设施设备的投入，也是接受企业文化、企业精神和企业氛围的理想所在。学生学习的概念、事实、程序性知识、策略性知识、职业经验等内容，教学的建模、训练、反思和探究等方法，都需要在一种特定的情境中完成，这种情境的创设需要职业院校建立具有企业工作场景特征的实习实训基地。① 然而，许多学校在进行实习实训基地建设的时候对企业要素的融入还不够充分。

围绕一定的培养目标进行教育内容的选择和安排是职业院校都在尝试的改革。然而，职业教育的课程需要打破学科型结构，根据职业岗位建构新的课程体系，通过岗位工作任务分析，按照岗位主要工作的范畴以及工作的主次性和相关度，确定专业核心和专业课程。而当下，个别职业院校缺乏对职业岗位工作任务的深入调查与分析，缺乏对职业能力和职业素养标准的精准把握，缺乏对职业工作任务和完成任务所需要的知识、技能与能力的全面了解，因此，建构的课程目标与职业需求不符，课程建设脱离职业资格标准，课程内容与工作内容脱节，技术知识和工作实践结合不紧密等，使得职业院校的课程建设与改革虽声势明显，但实际效果却不容乐观。

2. 专业同质化，办学基础不牢，建设标准不健全

职业院校专业建设应该坚持"有所为有所不为"的原则。根据专业自身特点和优势拓展专业集群，在专业集群中进行长短结合和核心专业建设，把核心专业建设成品牌专业，从而带动整个专业群的发展。职业院校不能盲目跟风随意增加专业数量，不能头脑发

① 吴建设、吴小懿：《高职院校专业建设融入职业教育五要素研究》，《现代教育科学》2011 年第 6 期。

热随意开设新专业。简单地说就是，专业不一定都要做大做多，但一定要做特色化，特别是区域本土特色。① 然而，现实中个别职业院校却几乎违背了这一原则，在专业建设及其评价中出现了一些令人忧虑的情况。

促进专业建设既是推进职业教育改革发展的重要抓手，又是实现职业院校科学发展的重要路径。要真正使专业建设卓有成效，并发挥积极作用，就应该选择"产学合作紧密、改革成绩突出、制度环境良好、辐射能力较强"的专业，基于学校办学基础、资源和力量，加大专业建设力度，并以某一个专业建设为龙头，带动专业集群发展。通过专业的分类发展、错位竞争，找准各个职业院校"生态位"，形成各具特色的"核心竞争力"。判断一个职业院校的专业建设在同行中是否具有优势，至少应该具备以下三个基本点：一是较大规模。作为优势专业要根据专业特点和学校条件确定专业规模，能大则大，至少应超过同类学校的平均水平。二是较高水平。人才培养质量，包括招生质量、毕业率、毕业生就业率、毕业生就业质量，各类考试考证水平在同类专业中处于较高水平。三是较有特色。专业在建设过程中必须体现职业教育特点，体现区域经济社会发展对人才培养的要求，具有较强的适应性、针对性，实现就业导向的培养，坚持就业与可持续发展的协调与统一。② 简单说来，就是人无我有，人有我优，人优我特。

但是，目前职业院校专业建设并不都是朝着打造优势专业的目

① 吕海龙：《职业院校特色专业的本土化发展》，《教育与职业》2018 年第 17 期。

② 周建松、孔德兰、郭福春：《高等职业教育优势专业建设研究》，《中国职业技术教育》2013 年第 4 期。

标在做，个别职业院校的专业设置存在随意性、盲目性、重复性和低竞争性等问题。专业设置没有充分、有效地与当地的经济发展形势、产业布局、职业前景、人口结构和人才需求状况等相结合，也没有充分评价学校自身的办学特色、资源优势、师资结构、区位特点和发展基础。在专业建设中一味地追随市场热点，只顾迎合招生"口味"，以生源为驱动争上新专业或热门专业、紧俏专业而不顾办学实际，只顾短期利益而不顾长远发展，只顾追求数量而不顾保障质量。这样的专业建设大多都缺少周密的调研、规划、设计和反思，学校专业建设为建而建，无的放矢。

如在 A 地区中职学校专业开设中统计"专业数量最多的专业大类"，一是"加工制造类"，开设了 21 个专业；二是"信息技术类"，开设了 15 个专业；三是"农林牧渔类"，开设了 14 个专业；四是"文化艺术类"，开设了 13 个专业；五是"交通运输类"和"财经商贸类"并列，开设了 11 个专业。

职业院校专业建设同质化现象突出的另一个具体表现就是专业建设标准的缺失。"标准"，《现代汉语词典》解释为"衡量事物的准则"。技术意义上的"标准"就是"一种以文件形式发布的统一协定"，其中包含可以用来为某一范围内的活动及其结果制定规则、导则或特性定义的技术规范或者其他精确准则，其目的是确保材料、产品、过程和服务能够符合需要。因此，"专业建设标准"可以定义为以一定文本形式制定的、指导专业规范建设的、衡量专业建设水平或质量的准则。职业院校的专业建设标准是为专业的人才培养目标服务的，使专业建设有章可循、有规可遵、有序开展。标准的水平直接决定着专业建设的质量，标准的导向直接影响着专业建设的方向，标准的清晰度直接影响着专业建设的可操作性和可衡量性。因此，只有建立科学、规范、清晰的专业建设标准，才能有效指导专业建设的长期规划、短期计划和目标执行，从而使专业建设始终处于健康的发展轨道和状态。[①] 目前，国家层面尚未出台职业院校专业建设标准的统一指导意见，而各个职业院校在专业建设过程中也以服务于各自区域经济为借口，回避专业建设标准的建立，凭主观经验或者现实条件进行专业建设，导致专业建设门槛降低，学校扎堆设置某个专业的现象难以避免。同时，尽管有些学校在专业建设中制定了标准，但由于标准的客观性和科学性缺乏反复论证，甚至就是整体移植其他学校同一专业的建设标准，因而标准缺乏针对性和适切性，导致专业建设的阶段、层次和特色得不到应有的体现，在很大程度上制约了专业的特色化发展，限制了专业个性的养成和质量的提升。

3. 专业建设缺乏长期规划与调控

职业院校通常为了办学效益和稳定发展，会以"长短结合"的原则进行专业建设，这既要基于学校办学特色培育优势的长线专业，又要适度发展在一定时期内社会需求强、办学成本低、调整起来快的短线专业。为了长期的可持续发展和办学竞争力的提高，职业院校还会重点关注那些目前可能还没有或暂不具备条件上马，但今后在社会需求等方面具有广阔前景的新专业，在专业建设中把近期与中、长期发展有机结合起来。但不管是长线或者短线专业，还

---

① 田友清、丁平、刘德军、王庆林：《高职院校专业建设标准制定策略探讨》，《职教论坛》2014 年第 21 期。

是筹划中的新专业，都需要职业院校根据自身发展的战略，加强专业建设规划，从专业建设的科学、可持续角度出发，有序推进，动态调整，保持对社会经济发展和学生终身发展的适应性。

在个别职业院校专业建设过程中，由于规划和调控意识的缺位，存在随意性、盲目性和不稳定性。有的职业院校为了生存而急功近利，不遵循专业建设要素的逻辑关系和发展顺序，不经过科学设计和论证，不制订中长期规划和短期计划，仅仅依靠经验从简单的地方入手，从成本低、收效快的地方入手，突击专业建设，专业仓促上马，以短时间内尽快扩大生源为专业建设目标，违背了专业建设内在的系统性、计划性和可持续性，降低了人才培养的质量，也弱化了职业教育服务于区域社会经济发展的能力。还有个别职业院校为了确保生源数量，频频变更招生专业，专业设置周期过短，严重违背职业教育发展规律，造成了极大的职业教育资源浪费，尤其在中等职业学校中此类现象相对突出。

从 A 地区公布的中等职业学校新增、试办专业统计数来看，近年来几乎每年都以 50 个新增和试办专业的数量递增，且不讲增加数量的多少，如果进一步调研会发现，很多新专业都缺乏行业企业需求的调研，难以契合区域和产业发展的需求，盲目上马的后果将是资源的严重浪费，缺乏整体规划和调控。

社会经济飞速发展，职业岗位要求日新月异，优质的专业建设除了具备科学的规划以外，还必须与时俱进、动态调整。一方面，专业建设自身需要可持续发展，即专业要具有自我调节、自我发展、自我更新的能力，以适应社会经济结构、职业结构等的不断变化，走内涵式发展的道路，提高职业教育的质量；另一方面，专业建设还必须着眼于院校自身的长远发展，专业建设过程中应考虑学校的现实情况，遵循学校的综合发展规划，均衡配置学校的教育资源，使学校实现内涵发展。因此，一所院校要提高质量、提高水平，就必须不断对自己的专业进行剖析、反思与重构。而建立并运行良好的监控预报与反应机制，是保障专业建设健康、持续发展的必要条件之一。但是，个别学校缺乏这样的监控预报与反应机制，或者机制不健全、运行不顺畅，导致专业建设的全过程不能定期对专业体系进行全面系统的评价，不能及时根据社会经济发展调整专业设置和专业方向，不能及时跟踪经济社会发展对岗位人才知识、能力、素质结构的需求和专业的发展趋势，从而加强对专业建设标准、人才培养目标、课程开发的动态性研究，不能及时与社会用人单位进行密切联系，无法形成专业设置、课程实施与招生就业的协调机制，也无法达成职业院校和行业企业之间的良性互动。这样的专业建设常常是一蹴而就的短期攻关，是静态的、被动的建设行为，没有良好的建设规划，没有可实施的分步策略，不能周全地应对动态变化，一旦因为技术进步或社会发展致使职业岗位群发生变化，就不能及时作出调整，势必多走弯路，损失惨重。

4. 专业建设目标定位模糊，人才培养缺失人文精神

职业院校进行专业建设首先要解决好的问题就是"培养什么样的人"，因为加强专业建设的终极目标也是为了提高人才培养质量，关于这一问题已经进行了许多研究。职业教育是教育的类型之一，教育属性仍然是其本质属性。因此，职业教育在融入经济社会发展、紧紧抓住社会需求的基础上，应该深入关注学生终身发展需求，关注学生未来就业机会和发展前景，培养学生在多种职业岗位

中流动的适应能力及职业道德。现代职业教育在关注科学精神的同时更应该培养学生的人文精神，满足个体个性化发展需求，强调社会发展与个体发展的统一，体现"以人为本"教育观的回归，这种观念也应该浸润、导引着职业院校专业建设的方方面面。

职业教育的类型特征决定了职业院校专业建设与经济社会发展必然保持着密切融合度，而进行专业建设的目标就是要满足区域社会对高素质技能型人才的种种需求，服务经济社会发展。但是个别职业院校往往把这一目标当成专业建设的唯一目标，或者说是终极目标，专业建设也紧紧围绕这一目标来进行，进而导致学校的专业建设出现人才培养目标定位模糊、方向偏差的问题。

基于这样的认识，这类职业院校在进行专业建设时，对人才培养目标的定位通常都更倾向于关注技术要求、任务要求、岗位要求，而对学生怎样适应社会，怎样提高自我发展能力，怎样指导学生在一个相对宽泛的学习领域中，根据外部环境变迁、自身兴趣与条件等因素，有针对性地选择自己的发展方向，完成自己的专业培养等方面提供的支持却非常少。它们的专业建设在很大程度上还不能适应学生的个性发展要求，不能采用更为有效的路径与方法，既保证专业教学的系统性，使学习内容的选择更加丰富灵活，又加强职业技能培养，不放弃对学生进行人文精神的培养。

专业建设中人才培养目标的定位偏失，直接导致了专业培养方向和内容的偏差；而一脉相承的人才培养模式、课程设计等偏失，将直接导致教学模式的进一步偏差；最终，教师不能扎实地教，学生不能透彻地学，也无法形成适应终身发展的职业能力和人文素养。

个别职业院校甚至为了提高就业率，在有限的教育时间里，过于狭隘地针对某一具体岗位进行反复机械的技能训练、参与各种技能大赛或完全采用类似于岗位培训的培养方式，导致学生的职业能力无法形成，人文素养非常浅薄，进而制约学生的长远发展。三五年的教育不可能管用一辈子，帮助学生顺利地获取工作岗位是需要的，但是让学生在漫长人生中能够顺利适应岗位的迁移和享受自己的职业生涯才应该成为职业教育的本义。

（二）专业建设评价存在的主要问题

1. 背景因素关注不够

专业建设内部任何一个要素的缺失或者削弱都难以使专业建设整体发挥最大的正向功能。而评价作为"以评促建、以评促改"的重要手段，在专业建设过程中也没有发挥好诊断和发展的作用，反而由职业院校专业建设的惯性思维所左右，进入了一个同样重视内部要素评价、轻视外部要素评价，重视显性要素评价、轻视隐性要素评价的恶性循环。专业建设评价侧重专业本身，以专业评价取代专业建设评价，缺失了对专业建设背景因素的关注。

专业建设评价通常以专业建设的理念与思路、人才培养模式、课程建设、教学条件、师资队伍等内容为主要的评价对象，指标多指向职业院校内部的诸多建设要素，如课程、师资、硬件等，而对学校外部的要素评价较少，如学校人才培养与对服务区域经济的贡献度、社会对学校的认可度、用人单位对毕业生的满意度等等。这种"重内轻外"一方面是在评价内容的选择上表现出主观的倾向性，另一方面是在两者评价权重的分配上表现出差异性。这无疑违背了"以服务为宗旨、以就业为导向"的职业教育必须满足经济社会对高素质技能型人才的需求这一初衷。

如某职业院校在开展土木工程专业评价时，将评价的目的和意义定位为"通过评价，制定专业教师、课程和实习实训的基本标准，通过了解专业的办学条件和检修管理，考查学生学习，听取师生意见，诊断专业建设水平"。从该专业的评价目的可以看出，此评价仅仅关注专业内部，而忽略了专业建设的历史背景和外部环境的具体因素。

此外，专业建设评价即便是对内部要素的关注也存在对内部要素建设中显性的、易于观测的部分进行评价，而回避了专业建设中那些同样重要也不可或缺的隐性要素评价的"避隐就显"的问题。例如，在对专业人才培养模式进行评价时，往往关注模式建构的合理性本身，而对人才培养目标的适切性、合理性关注不够，对目标制定的背景因素分析不足；又如，在对教师队伍建设进行的评价中，教师的学历或职称结构，"双师型"教师占比，专兼职教师占比、教师稳定率等都是常用的指标，但对于职业院校是如何促进教师学历或者职称的提升，如何把教师培养成为高级的技师，如何建成一支"素质优良、专兼结合、相对稳定"的教师队伍却涉及较少，这导致评价仅仅停留在对专业建设内在结果进行测度的层面，而无法深入分析和评判其外在的、深层的机制或动因，使评价功能的发挥受到影响。

2. 专业特质体现不足

职业院校专业建设同质化，专业特色不明显，资源浪费较严重，学生质量整体不高。而评价作为"以评促建、以评促改"的重要手段，在专业建设过程中也没能发挥好诊断和导向作用，反而由职业院校专业建设的盲从行为所左右，进入了一个评价标准趋同、个性不足的实践误区。

专业建设评价的标准趋同，专业差异性与针对性不突出，指标刚性有余、弹性不足。无论是学校自身开展的专业建设自查自评，还是学校外部教育管理部门等对学校实施的专业建设水平监测与评价，都需要参照一定的标准才能有效开展。近年来，各种示范专业、重点专业、合格专业等评价，都制定了相应的专业评价标准，并细化为多级指标进行评分量化，对专业建设水平的高低进行了一定程度的评价，并根据评价结果提出了一些整改建议。然而，仔细研究就会发现，这些来自学校内部的质量保障体系或来自学校外部的督导评价体系，对职业院校专业建设实施的评价往往都使用统一或近似的标准和指标；在充分考虑专业建设共性的基础上，缺乏对专业建设的原有基础、资源投入和个性特点等方面差异性的系统考虑；没有根据各职业院校办学理念的差异、专业建设目标的差异以及薄弱环节的差异，建构个性化的评价内容与标准；这种统一的评价方案和标准，在很大程度上制约了专业特色的形成和专业质量的提升，妨碍了专业的内涵养成与个性化发展；特别是在部分评价指标的量化上，很难做到严谨的水平划定，导致专业建设评价失去了应有的公正性和科学性，评价本身也就难以真正发挥诊断功能和导向功能。

因此，要通过评价手段推动专业建设得以有效地改善和发展，就一定要让职业院校专业建设的自有属性进入评价的视野，了解不同学校的专业建设起点、过程和目标，在尊重历史的前提下评价专业建设的增值空间，让专业建设既能实现整体水平的提升，又能体现专业建设的多样性与特色性。

3. 建设过程参与不够

职业院校专业建设急功近利，注重短期效应，缺乏科学周全的中长期规划和监控预报与反应机制，使专业建设不能健康、持续、优质地发展。而评价作为"以评促建、以评促改"的重要手段，在专业建设过程中也没能发挥好诊断和调控作用，反而由职业院校专业建设的功利心态所左右，进入了一个重结果性评价、轻过程性评价的误区。

专业建设评价方式以结果性评定为主，忽视了过程性评价的调控作用。结果性评价是在专业建设阶段性工作完成以后进行的一次性评价，如各级示范专业、重点专业或者特色专业评价等，目的是考察专业建设是否达到了相应的专业建设预期目标。结果性评价注重的是专业建设的结果，主要是为了判定最终的建设成效，并作出定性结论。过程性评价则是在专业建设过程中，为使专业更加优质而对专业建设的各个环节不断进行的监督与评价，把评价作为专业建设过程中不定期开展的有机组成部分，它有助于及时了解专业建设的进展情况、存在的问题，以便及时反馈和有效调整专业建设进程，保障专业建设有条不紊、高效精准地实施。优质的专业建设评价应该是结果性评价与过程性评价的有机结合，并以过程性评价为主来进行。

实施过程和结果相结合的专业建设评价是确保专业建设目标顺利实现的有效抓手。然而，个别职业院校忽视了评价的这一重要作用，它们往往把外部评价当成一种利益攸关的考评检查，把内部评价当成一种可有可无的形式甚至负担，因此主动参与、实施评价的动机就很低。个别职业院校都仅仅是迫于学校声誉而对关乎学校生存发展的专业建设评价给予一定重视，这类评价通常是评优评先的结果性评价或者终结性评价，评价结论往往是对专业建设阶段性工作的定性和定级判断，在一定程度上能够发现专业建设中的问题，但这类问题的暴露往往已经积累到一定程度，对专业建设已经造成负面影响或者工作低效。而过程性评价（尤其是学校基于内部质量保障体系实施的过程性自我诊断与评价）的缺位，使得专业建设过程中出现的问题和偏差不能及时得到发现和遏制，造成人力物力财力的浪费和损失。不少学校也尝试运用了日常运转随机督查、月（季）度监控与跟踪考察、学期阶段性考核、学年综合性考评及重点专项评价等过程性、动态化评价手段，期望诊断出专业建设各个环节、各个方面、各个模块工作的进程是否与专业建设目标相一致，但评价的实施往往流于形式、浮于文字材料的报送和检查，使评价和专业建设工作成为关联不大的"两张皮"，而非以评价作为专业建设工作的有机组成部分，实时地参与到各项工作之中，真正发现问题、诊断不足，促进专业建设方法的改进和质量的提升。

4. 学生发展引导不强

个别职业院校专业建设目标定位模糊，人才培养缺失人文精神，偏失了对学生终身发展的终极关怀，使学生不具备终身学习和可持续发展的职业能力和人文素养。而评价作为"以评促建、以评促改"的重要手段，在专业建设过程中也没能发挥好诊断和调控作用，反而由职业院校专业建设的片面认知所左右，进入了一个以物化成果为评价对象，忽视对人（学生）身心发展的评价误区。

专业建设评价多以物化成果为对象，忽视了对人（学生）的终极关怀。如前所述，职业院校专业建设评价通常以专业建设的理念与思路、人才培养模式、师资队伍、教学条件、课程建设等内容为主要的评价对象，指标多指向职业院校内部的诸多建设要素，如课程、师资、硬件等。具体说来，对课程、师资和硬件等方面的评价也主要以物化的、实体的、外显的成果为主要评价对象。例如：对课程的评价，观测点通常包括课程改革方案、课程体系结构、教学标准、教材教辅等，而对课程改革方案的执行情况、课程体系的科学性、教学标准的合理性与教材教辅的实用价值等缺乏充分的、有效的监测与评价。再以硬件为例，观测点通常包括设施设备的数量、种类、价值等，但对设施设备的学生使用率、产出值等同样缺乏充分、有效的监测与评价。

此外，职业院校也实施了一些以学生为主体的评价，例如学生学业水平评价、学生就业质量评价等。学生学业水平的评价通常是学生参加定期的学业考试和各种技能证书考试，以及参与学校各类集体或社团活动、参与实习实训的水平或情况记录；而学生就业质量评价通常是应届毕业生就业率、创业率、升学率的统计，短期内的就业发展跟踪，或者就业单位对毕业生的满意度评价等。以上两类针对学生的评价，表面看来是专业建设对学生主体的关怀，但实质上仍然是对学校自身利益的片面追求。这样的评价几乎不涉及学生的职业能力发展水平，无法预测学生在今后的职业生涯中能否应对岗位变迁及社会发展，也不涉及学生的人文素养或人文精神，无法引导学生进行终身学习和可持续发展。这样的问题一方面和职业院校以及教育督导机构的评价能力和手段比较局限有关，但更多的是受制于他们的专业建设及评价意识、评价理念还不够到位。

三、CIPP 评价：我国职业院校专业建设评价的理论性选择

面对我国职业院校专业建设评价的背景因素关注不够、专业特质体现不足、建设过程参与不够、学生发展引导不强等问题，我国职业院校专业建设评价急要寻找一种科学而理性的评价模式。斯塔弗尔比姆所主导的 CIPP 评价模型，把评价过程分成背景评价（Context）、输入评价（Imput）、过程评价（Process）、成果评价（Product）。[①] 每种评价都有各自的目标和作用，它们共同构成了 CIPP 评价模式理论。突出表现为全程性、过程性和反馈性等特点：一是全程性特点，CIPP 评价模型将评价活动贯穿于整个活动环节，它与实践活动每个步骤发生连接。二是过程性特点，CIPP 评价模型提出对实践的执行过程进行全面监督，分析项目实施过程中可能导致不良后果的潜在因素，使项目实践在执行过程中能够不断据此作出适时适当的调整。三是反馈性特点，CIPP 评价模型明确提出了项目实践任何阶段都可以进行成果评价，以使评价的反馈性功能更大地作用于实践的全过程。可见，CIPP 评价模型有助于克服当前我国职业院校专业建设评价的各种问题。

---

① D.L.Stufflebeam, G.F.Madaus, T.Kellaghan, *Evaluation Modles : View Points on Educational and Humman Services Evaluation*, Boston : Kluwer Academic Publishers, 2000, pp.280,287,313.

然而，任何一种评价模式都不是完美无缺的，在采用 CIPP 评价模型时，还必须基于对职业院校专业建设及评价的系统分析，问题分布所在之处渐渐清晰，问题纵横交错之间的焦点和关键也渐渐明朗，种种表面相关与不相关的问题行为背后，反映出以下几方面在实质上影响职业院校专业建设评价实效性的关键因素。

（一）坚持效率与效益对立统一

专业建设评价的各种行为及相应问题往往是人们在狭隘的价值取向的引导之下作出的必然选择。

一方面，专业建设评价要实现职业教育作为教育的第一要义，即育人的目标，就必须以人的发展为取向，这个"人"既是个体人，也是群体人，也就是说专业建设评价工作最终既要满足个体的人的需要，也要满足社会对人的需要，既体现主体个人本位的有用性，更强调社会集体本位的有用性。通过专业建设评价，要最大化地实现职业教育专业建设结果的目的性与价值性，体现公益性特点。

另一方面，专业建设依托于社会经济发展，立足于职业和岗位的变迁及要求，旨在服务社会发展，服务经济发展，培养技术技能应用型高级人才，创造价值与使用价值，这就是市场性的表现。而专业建设评价也必须一以贯之地秉持市场性这一特点，在相同时间内，以较少的投入达到当时条件下尽可能最大的效果。借用经济学的思维，就是要求通过"评价"这一调控手段，促进职业教育专业建设投入和职业教育专业建设产出之比实现最大化。

专业建设要注重和强调公益性和市场性的统一，而专业建设评

价也应该保证公益性和市场性的和谐统一。然而，公益性和市场性
并不是始终和谐如一的，它们常常是对立的、冲突的、矛盾的，择
其一就不得不损其二，这就使得专业建设及评价工作的开展过程中
可能会产生分歧，出现选择，进而也就造成了专业建设以及专业建
设评价现实中出现的前述种种问题，这恰好反映出职业院校专业建
设评价的价值取向发生了某种程度的偏失。因此，进一步深入研究
职业院校专业建设评价的应然和实然价值取向，处理好效益与效率
的对立统一关系，推动专业建设评价工作进行改革与创新的题中
之义。

（二）坚持全面与核心统筹兼顾

职业院校专业建设评价的指标体系是对职业院校专业建设评价
内容最直接、最完整的投射，它将抽象的专业建设内容按照其本质
属性和特征逐级分解成为具体化、行为化、可测度化的指标结构，
并通过对指标体系中每一指标赋予相应权重来诠释专业建设各项要
素的重要性及相互关系。建立具有系统性、发展性、导向性和针对
性的职业院校专业建设评价指标体系是专业建设水平进行预测或评
价的前提和基础。

根据专业建设的本质属性和特征，往往能够提炼出不同方面的
各种要素、各项标识，这些变量对专业建设的影响程度各有不同，
变量之间也存在错综复杂的关系，不是仅凭经验或者主观臆断就能
科学严谨地进行分辨和选择的。鉴于评价工作的可行性和实效性原
则，评价指标建构既要体现评价对象要素的系统性和完整性，又不
可能涵盖专业建设的方方面面，必须有所取舍。这个取舍的过程就

是专业建设评价指标及标准产生弊端、遭到诟病的直接缘由。

任何取舍都是比较之后的结果，专业建设评价指标的建构和标准的确立也是专业建设内容核心要素的结果。在保持评价内容的相对完整性和系统性基础上，对核心要素的认识不同，建构的指标体系就有各自的差异，而对核心要素认识的浅尝辄止、故步自封和经验主义导致了专业建设评价指标及标准的僵化。例如，前文已经探究的专业建设评价重内轻外，缺失对专业建设背景因素的关注，标准趋同，专业差异性与针对性不突出，指标刚性有余、弹性不足，多以物化成果为对象，忽视了对人的终极关怀等问题，归根结底，还是对专业建设核心要素的认识存在偏失，错误地将本该纳入指标体系的指标舍去，或者错误地制定了指标的权重或者标准。

此外，专业建设评价使用的工具较为单一，评价者的工具研发意识也比较淡漠，没有充分发挥相对成熟的评价工具的功用。很多自编自制的评价工具的信效度都缺乏检验，质量有待提高，进而造成评价指标体系的建构意图不能完整地得到实现，指标体系的价值也不能充分兑现。

本书认为，职业院校专业建设的核心要素应该包括人才培养的核心目标、整合投入的核心资源、实践改革的核心课程、教师学生的核心发展四大核心要素。如何诠释四大核心要素对专业建设评价内容的相关性和贡献度，如何围绕各个专业的四大核心要素来建构各层次的指标和标准，如何反映出不同专业在四大核心要素上的共性和个性特点、高限和低限水平，也是推动专业建设评价工作进行改革与创新的研究重点。

（三）坚持程序与方法多样灵活

职业院校专业建设的评价模式是评价程序与方法的总和，是实施专业建设评价的行动纲领。即便在正确的价值取向引导下，有科学严谨的评价指标体系，如果缺失了行之有效的评价模式和操作程序，也难以达到事半功倍的效果，甚至容易产生与评价目标背离的评价结果。建立主体多元、方法多样、程序严密、装置易行的职业院校专业建设评价模式是将职业教育发展理念和专业建设价值诉求最终落到实处的根本保障。

然而大部分专业建设评价实施时，都缺失了对专业建设对象属性和阶段特点的全面分析，往往基于行政性或功利性要求而仓促上马、简化流程，没有调查专业建设内外主体的需求，普遍缺少制定评价计划方案这一环节。由于计划环节的落空，也就难免在后续评价中出现偏失，前文提及的四类专业建设问题也皆脱不开这一缘由。同时，由于元评价环节的继续缺失，使得许多问题没有及时发现和纠正，最终妨碍了专业建设评价效率与效益。而实施专业建设评价的具体方法，也存在墨守成规，以旧有习惯为基础，简单择其一二来完成评价的问题。

近几年，我国的课程改革引进了很多国外实用的评价方式方法，在一定程度上为拓宽专业建设评价思路提供了可能。然而面对林林总总的评价方法，一方面，评价者有点应接不暇，在方法选择上缺乏针对性和灵活性，随波逐流，盲目效仿；另一方面，部分评价者因袭守旧，不愿变更惯用的传统评价方法，尤其是对于质的评价方法的使用，还远远达不到理想效果。这就造成了现实中以结果性评价、以简单量化方法为主的专业建设评价现状。

要解决上述问题，就必须找到程序与方法相互协同的评价模式进行统整。然而，当前比较成熟、受到普遍认可的专业建设评价模式凤毛麟角，各类实施的专业建设评价程序和方法也较为随意、单一，缺乏规定明晰的操作规程。

本书基于对四代教育评价模式的比较分析，结合专业建设评价在背景因素、条件因素、过程因素和绩效因素等方面存在的实际问题，提出引入 CIPP 评价模式来实施专业建设评价的系列工作。

综上所述，职业院校专业建设评价确实产生和累积了很多问题，种种问题行为背后，折射出来的是专业建设评价的价值取向、评价内容（指标体系）和评价模式等的偏失和缺陷，因此，在推动现代职业教育体系建设进程中，要以专业建设为突破口促进职业院校的内涵发展，就必须对这三个方面进行价值澄清和系统重构，进而在不断实践中持续检验、持续完善。

第二章　职业院校专业建设 CIPP 评价的两效价值取向

职业院校专业建设 CIPP 评价是一项价值判断的认知与实践活动，更是一个复杂的过程系统。职业院校专业建设 CIPP 评价过程中"权"和"度"的价值取向、标准尺度是整个评估工作成败的关键。事实上，职业院校专业建设与职业院校专业建设 CIPP 评价两者在目标上是高度一致的。因此，职业院校专业建设 CIPP 评价的价值取向，就是为了促进职业院校专业建设，实现"有教有评""以评促建""以评促教"的评价目标。具体来说，就是把"效率"和"效益"作为职业院校专业建设 CIPP 评价的基本价值取向，通过对职业院校专业建设过程系统的分析，对职业院校专业建设实施全过程的 CIPP 评价，实现有效率的职业院校专业建设，进而发挥职业专业建设的教育效益与社会效益。

一、职业院校专业建设 CIPP 评价的基本尺度

职业院校专业建设是一个复杂的过程性系统。按照系统论和过程论的观点，职业院校专业建设是理念系统、目标系统、投入系统、组织系统和输出系统共同构成的复杂性系统（如图 2-1）。基于五大系统之间的关系梳理和系统分析，审视职业院校专业建设 CIPP 评价的过程与要素，可以发现，职业院校专业建设 CIPP 评价的有三个基本的尺度——效果、效率和效益。

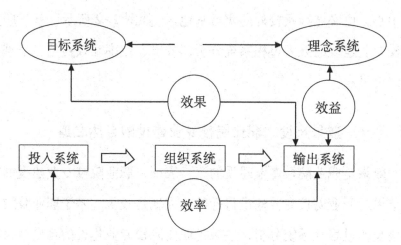

图 2-1 职业院校专业建设 CIPP 评价的评价尺度

职业院校专业建设 CIPP 评价可以分为三种类型，一是职业院校专业建设的合格性评价；二是职业院校专业建设优势专业评价；三是职业院校专业建设的特色专业评价。但是，三类职业院校专业建设都必须遵循图 2-1 的一般过程，包含了五类因素：一是目标与理念因素，这一类因素主要涉及职业院校专业建设的指导思想、特色创新、目标定位、学校文化、班级文化、课程设计、教学改革

等；二是信息因素，这一类因素主要涉及职业教育外部的各种变量，如经济发展与转型、产业结构升级与变革、生产技术更新、招生政策与生源变化、劳动力与就业市场变化，同时也涉及职业教育内部的相关要素，如学生发展、教师发展等；三是硬件变革，这一类要素的范畴包括校舍条件、办公条件、教学条件、实训实习条件建设；四是职业院校专业建设人员因素，这一类因素涉及广泛，包含职业教育专业建设的利益相关者，主要包括职业院校教师、各类职业教育学生、职业教育管理与行政人员、职业教育专家、行业企业技术骨干等等；五是场域空间涉及职业院校的教室、图书馆、实训中心，也必然涉及校外的实习基地。① 如图 2-2 所示，基于职业院校专业建设的五大过程系统分析，效果、效率和效益是三个基本的评价尺度。

（一）效果尺度：职业院校专业建设的自然之道

效果是职业院校专业建设的第一表征，职业院校专业建设的输出结果对职业院校专业建设目标的达成就是效果。基于职业院校专业建设的过程性系统分析，效果是职业院校专业建设的输出结果和

① 陈寿根：《高职专业建设要素及其质量标准》，《职教论坛》2012 年第 12 期。陈寿根的研究认为：人、财、物、时间、空间、信息、过程内容十分复杂，集聚各方力量，整合发展资源，规范工作秩序，管理不可或缺。中华人民共和国教育部《关于全面提高高等职业教育教学质量的若干意见》也有明确的规定：专业建设以行业（企业）专家为主体组成专业指导委员会；建立专业教学标准；建立与专业相联系的职业鉴定机构；建立与专业相协调的职业资格证书体系；以专业为基础建立校内外实训、实习基地；以专业为单位建立专兼结合的教学团队，有稳定的兼职教师队伍，有一批骨干教师，专业教师要能够形成请进来、走出去，打破职业院校院校教师分设二级院（系）专业课教师、基础教学部基础课教师等传统的划分模式，建立以专业或专业群为单位的教师团队。

目标之间的数量比照，是基于数与量的观测，是一种基于数量结果的评价尺度。按照发生学的观点，任何行为都会产生一定的结果，有起点也就有终点，因此，效果是职业院校专业建设的必然结果，也是职业院校专业建设 CIPP 评价的基本数量化尺度。显然，职业院校专业建设效果作为职业院校专业建设 CIPP 评价的数量尺度，可以通过数量集合的方法来作出评价。首先，假定职业院校专业建设输出系统的数量集为集合 A，职业院校专业建设定位系统的数量集为集合 B，集合 A 与集合 B 之间的对应关系有无数种求解，这无数种求解就是职业院校专业建设 CIPP 评价的数量尺度。按照数理逻辑演绎，集合 A 与集合 B 之间的数量关系大致可以分为四类。

第一类是完全理想状态下的情境，此时，数量集 $A = B$。也就是说，职业院校专业建设输出系统数量集合完全对应了职业院校专业建设定位系统的数量集合，职业院校专业建设输出系统（结果）恰好实现了职业院校专业建设定位系统（目标），两者之间完美地一一对应，毫厘不差地有机吻合，此时，职业院校专业建设 CIPP 评价的数量系数为 1。第二类是超出理想状态的情境，此时，数量集 $A > B$。即，职业院校专业建设输出系统数量集合超出对应职业院校专业建设定位系统数量集合，职业院校专业建设输出（结果）大于职业院校专业建设定位（目标），因为在职业院校专业建设的过程中，有时候会出现建设结果超出想象、超赋预期、超额完成既定目标的情况，甚至会出现职业院校专业建设结果的意外之喜，此时，职业院校专业建设 CIPP 评价的数量系数大于 1。第三类是不足理想状态的情境，此时，数量集 $A < B$。也就是说职业院校专业建设输出系统数量集合不能完全对应职业院校专业建设定位系统数

量集合，职业院校专业建设输出（结果）没有完全实现职业院校专业建设定位（目标），这是也是比较普遍和比较自然的教育结果，因为不是任何教育目标都会按期实现，职业院校专业建设结果只是达成了部分职业院校专业建设目标，此时，职业院校专业建设 CIPP 评价的数量系数小于 1。第四类则是常态的效果表征，此时，数量集 $A \cong B$。也就是说职业院校专业建设输出系统数量集合大致可以对应职业院校专业建设定位系统数量集合，从实际情况来说，这是职业院校专业建设最常见的结果，一方面，职业院校专业建设输出系统（结果）不仅实现了既定职业院校专业建设定位系统（目标）其中的一部分；另一方面，还有超出预设目标之外的成果。此时，职业院校专业建设 CIPP 评价的数量系数取值不确定。

（二）效率尺度：职业院校专业建设的过程之道

效率（efficiency）最开始是一个源自物理学的概念，随后，在经济学和管理学中得到更加广泛的推广。效率，一开始是速度意义的解释，简而言之，就是"在规定时间内，以较少的精力达到当时条件下尽可能最大的效果"。[①] 尤其是在物理学中，输出能量（功率）与输入能量（功率）之比，极其追求效率。然而，随着效率概念的广泛运用，经济学、管理学等研究把效率的概念进一步扩大化。尤其是在经济学中的应用，萨缪尔森认为"效率"在于尽

[①] 姚洋、章奇：《中国工业企业技术效率分析》，《经济研究》2001 年第 10 期；颜鹏飞、王兵：《技术效率、技术进步与生产率增长——基于 DEA 的实证分析》，《经济研究》2004 年第 12 期。

可能地有效运用经济资源以满足人们的需要或不存在浪费现象。[①]
把职业院校专业建设投入和职业院校专业建设之比称为职业院校专
业建设的效率，那么效率的评价尺度强调职业院校专业建设过程中
各类资源与因素利用的充分程度。在管理学的理论中，西蒙斯按照
《社会科学百科全书》的说法，"效率是指投入与产出之比、费用
与效果之比、开支与收入之比、代价与收益之比"[②]。因此，按照
这种理解，任何一种效率的数值范围应该在 0—1 之间。但是，并
不是任何效率都有具体的效率指数，譬如职业院校专业建设的效率
就是没有具体取值的，一方面，职业院校专业建设的输入与输出系
统并不能完全计量化，无法测得具体数值；另一方面，职业院校专
业建设过程复杂，很多不可控制的因素参与并关涉了职业院校专业
建设，职业院校专业建设的效率指数并不稳定。因此，职业院校专
业建设效率只能是一个观念认知上的数量逻辑，只是作为一个判断
尺度。

　　在通常的理解和衡量尺度上，效率都是越快越好，这就是典型
的工业化思维和工具主义导向。然而在教育的世界中，效率并非越
快越好，越快并不代表着资源的利用程度越充分，也并不意味着受
教育者成长越充分。诚如很多研究表明，教育是农业的思维，是精
耕细作的生产方式，在大多数时候，教育更多的是一种"慢的艺
术"。"十年树木，百年树人"讲的就是这个道理。所以，一味地
追求职业院校专业建设"跨速度"并不可取。职业院校专业建设

---

①　［美］保罗·萨缪尔森、威廉·诺德豪斯：《微观经济学（第 16 版）》，萧琛
等译，华夏出版社 1999 年版，第 2 页，第 10 页。
②　周三多：《管理学（第六版）》，复旦大学出版社 2015 年版，第 8 页。

是培养和发展人的事业，是良心工程。因此，职业院校专业建设不能完全落入"速度取向"和"技术取向"的工业化模式。一方面，要遵守教育自身的发展规律，尤其是要遵守职业院校的规律；另一方面，要保证职业院校专业建设和改革的发展方向，在合理效率之下，保障职业院校专业建设的发展。反对过分追求效率，尤其是反对过分技术化、功利化的效率取向。因此，科学的职业院校专业建设效率取向要以职业院校的良好发展为根本目标，以职业教育专业建设资源投入的充分利用和职业教育受教育者的充分发展为主要判断依据，在此基础上，保持适当的、常态的速度，以稳健的、方向正确的方式，推进职业院校发展。

（三）效益尺度：职业院校专业建设的结果之道

效益指的是结果与社会和个人发展的需求是否吻合以及吻合的程度如何。① 显然，职业院校专业建设效益是就职业院校专业建设期望与职业院校专业建设输出结果而言的，也就是教育结果的"合目的性"与"合价值性"。② 就职业院校专业建设来说，其效益最终体现在五个方面——服务学生、服务学校、服务企业与市场、服务人民、服务社会。这也会是新时代职业院校的基本使命——面向人人、面向社会、面向企业、面向市场、面向世界。③ 职业教育是与经济社会联系比较紧密的教育类型，作为一种应用型的教育，职业教育主要以培养数以亿计的高素质技能型人才为教育

---

① 余文森：《有效教学三大内涵及其意义》，《中国教育学刊》2012 年第 5 期。
② 朱德全、李鹏：《课堂教学有效性论纲》，《教育研究》2015 年第 10 期。
③ 朱德全：《职业教育统筹发展论》，科学出版社 2016 年版，第 7—10 页。

使命。职业教育专业建设是发挥职业教育民生功能的关键所在，一方面，好的专业才可以给学生提供好的发展前景，在实用专业建设与专业教育中，提高劳动者的基本素质和生产能力，实现"使无业者有业，使有业者乐业"的民生效益;① 另一方面，基于劳动者个体的劳动技能与素质的提升，促进整个社会的人力资本优化升级，通过整体的人力资本积累，进而提高社会劳动生产率和技术创新能力，进而推动经济社会发展。

第一，职业院校专业建设应该着眼于服务学生。专业不是某一级学科，而是处在学科体系与社会职业需求的交叉的一个点,② 是学生通往职业道路上的指向标。尽管现实中学生就业并不一定与本专业相关，但是专业对学生职业的导航作用是不能否认的。职业是工作的专门化，依靠的是专业基础集群。有职业才有专业，但是有专业才能就业。因此，专业建设必须重视人才供给结构与劳动力需求结构匹配，要为学生提供更多自由选择的就业机会。③ 第二，职业院校专业建设应该促进学校办学。专业建设是学校办学的核心工作之一，"以服务为宗旨，以就业为导向，走产学研结合发展道路"④ 是现代职业院校的基本办学方针之一。职业院校的专业建设就是为了按照职业分类，根据职业岗位（群）实际业务活动范围和要求，设计出能够符合时代发展需要的新兴专业，乃至于能够设

---

① 马思援、柯昌万：《深化改革开拓创新推动公办中职快速发展》，《中国教育报》2005 年 6 月 1 日。

② 冯向东：《学科、专业建设与人才培养》，《高等教育研究》2002 年第 5 期。

③ 刘晓、钱鉴楠：《职业教育专业建设与产业发展：匹配逻辑与理论框架》，《高等工程教育研究》2020 年第 2 期。

④ 刘春生、徐长发：《职业教育学》，教育科学出版社 2002 年版，第 26 页。

计出引领经济社会发展、创生新兴的专业，以专业为依托，培养新时代合格的高素质技能型专门人才，从事生产、建设、管理、服务等各个行业。因此，职业院校专业建设应要兼顾人才培养、教学研究和社会服务职能，为职业院校发展提供支撑。第三，职业院校专业建设应该服务企业。职业院校设置的专业要服务区域经济，最直接的方式就是助推区域产业结构的调整与升级，让职业教育的专业真正为职业、企业与行业服务。① 随着我国经济社会的转型发展，"新常态"已经成为职业教育专业建设的新背景，人力资源数量上的优势无法弥补质量和结构的短板成了职业院校专业建设的新动力。事实上，教育不仅要适应和跟进区域经济和社会的发展趋势，更应该引领地方经济社会的发展。职业教育专业建设要服务地方经济，要服务行业，就必须把专业建设与区域经济发展相结合。以专业建设促进和服务地方企业，进而实现职业教育服务地方的使命，发挥职业教育的经济效益。第四，职业院校专业建设应该服务于人民。以人民为中心，着力提高人才培养质量，努力培养数以亿计的高素质劳动者与技术技能人才，是贯穿职业教育专业建设过程的生命线。② 在社会分工、高考分流的背景下，职业教育为更多的社会群体提供了实现自己的机会。在提供机会之后，就必须为选择职业教育的人提供发展平台，提供职后的发展过程。因此，职业院校专业建设必须能够适应时代，适应大众，适应社会，通过专业建设，为个人提供学习与培训的机会，致力于满足人民指向效益型生产的

---

① 朱德全：《职业教育促进区域经济高质量发展的战略选择》，《国家教育行政学院学报》2021 年第 5 期。

② 潘海生、杨慧：《党的十八大以来高职教育创新发展的逻辑旨归、行动路径与现实思考》，《教育与职业》2022 年第 20 期。

物质需要、指向合作型生产的社会需要、指向绿色型生产的自然需要。①

尽管职业院校专业建设有效果、效率和效益三个评价尺度，但是，在职业院校专业建设的实践中，并不能简单为此三尺度而论。

一方面，三种尺度并不是刻意直接地、完全地适用于职业院校专业建设；另一方面，三种评价尺度之间还有客观的影响关系。效果是职业院校专业建设 CIPP 评价必然的数量尺度，是任何一所职业院校专业建设自然会有的自然结果，这就是所谓教育的结果之道。② 但是，效果之道也有好有坏，但是好坏之判并不是轻易可以下结论的。进一步来说，以效果为评价尺度，那么一味地追求多投入，不讲效率和效益，投入多的学校自然效果理想，资源匮乏的学校自然效果不佳。是以，不能简单就效果论效果，这是资源投入数量化的评价尺度。效率尺度相对来说讲究了资源使用的过程，既重视投入又重视产出，关注结果更关注过程，讲究速度更讲究资源的利用程度。因此，从职业院校专业建设的过程系统来看，必须要有效率评价尺度。同理，有过程更要有结果，有速度更要有效益。教育是人民的教育，是社会的教育，因此，效益尺度也是职业院校专业建设必须坚持的基本尺度。以效果为基础，但是不把效果作为直接的衡量尺度，而是把基于效果的效率和效益作为职业院校专业建设的评价尺度，关注了方向、关注了过程、关注了结果、关注了影

---

① 冯丹、朱德全：《办人民满意的教育：中国式职业教育现代化的理性逻辑》，《民族教育研究》2023 年第 4 期。

② 张学敏、侯小兵：《教育是效果之道也是结果之道——与郭思乐先生商榷》，《教育研究》2013 年第 6 期。

响，符合职业教育发展的基本规律与教育评价的基本规律，更符合当前经济社会、人民大众对大力发展职业教育的期待。因此，效率和效益，是职业院校专业建设 CIPP 评价的价值取向。

二、职业院校专业建设 CIPP 评价的内在逻辑

在社会工作领域，任何一项评价的根本目的都是服务于管理，其主要目的都是要为管理者提供辅助决策的关键信息。[1] 职业院校专业建设 CIPP 评价的逻辑起点是通过对职业院校专业建设进行全过程评价，发挥教育评价的积极作用，实现"有教有评""以评促建""以评促教"的评价目标，最终实现"办好人民满意的教育"的理想。换而言之，职业院校专业建设 CIPP 评价就是想通过评价，提高职业院校专业建设的效率和效益，从而进一步改进职业院校专业建设工作，推进职业教育发展。其逻辑关系如图 2-2 所示：

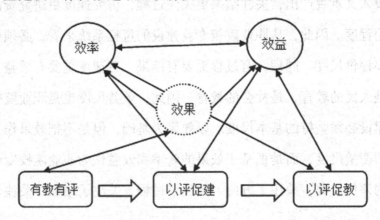

图 2-2　职业院校专业建设 CIPP 评价的内在逻辑

---

① 朱少强、唐林、柯青：《学术评价的元评价机制》，《重庆大学学报（社会科学版）》2010 年第 3 期。

（一）有教有评：保障职业院校专业建设的质量

"有教有评"是教育评价自诞生之日起就必须遵循的基本逻辑，简而言之就是"有教育就必须有评价的意思"。这是教育学的基本原理之一，也是评估学对于评估的价值定位。实施职业院校专业建设 CIPP 评价有着深刻的逻辑意蕴，从事实逻辑出发，"有教有评"指的是教育与评价两者之间的相互并存、共生共荣的教育关系或教育现象；从价值逻辑来讲，"有教有评"不仅指教育活动与教育评价相伴而生、同时出现的教育现象，还具有"教育离不开评价、评价促进教育发展"层面的价值意义；从需求逻辑出发，人民满意的高质量教育和教育评价是当前我国办好人民满意的教育的内在诉求。职业院校专业建设 CIPP 评价的事实逻辑、价值逻辑与需求逻辑，对职业院校专业建设 CIPP 评价价值取向起到了定调定性的作用，当然，"有教有评"最根本的还是切实保障职业院校专业建设的质量。

首先，从事实逻辑出发，"有教有评"是一种最基本的教育现象。教育评价是伴随着学校教育的产生而出现的，历史上自出现了系统的教育机构之后便有了教育评价。[①] 评价是教育教学的必要组成部分，教育离不开评价，教育质量的保障必须以评价为基础，没有评价，就无法监测教育结果的质量，更谈不上教育的效率与效益。职业教育不能例外，职业教育专业建设也不能例外。我国历史上的"选士制度""察举制""九品中正制""科举制"对中国和

---

① 朱德全、宋乃庆：《教育统计与测评技术》，西南师范大学出版社 2007 年版，第 340 页。

世界教育评价、教育改革产生了重要影响。而西方科学的教育评价更是推动了教育科学自身的发展。可以说，"有教有评"是最基本的教育现象，作为对教育价值判断的教育评价是伴随着教育的诞生而诞生的。① 因此，实施职业院校专业建设 CIPP 评价，以教育评估的方式保障职业院校专业建设质量是职业教育发展规律的必然结果。

其次，以价值逻辑去审查，教育发展离不开教育评价。从某种意义来说，教育是一个社会活动，所关涉的是国家、公众、家庭与个人等多方面的利益。② 职业院校专业建设 CIPP 评价是专业建设结果的价值判断、监督与社会公开，有助于职业院校专业建设的利益相关者，譬如教育管理者、学校教师与学生、行业企业等知情、参与，并建言献策，也是保证职业院校专业建设质量的必要手段。以评价保证质量是教育界和管理界常见的手法，对于职业院校专业建设而言，就近来说，职业教育专业建设质量关系着职业教育本身的教育教学质量，也直接决定了职业教育学生培养的整体质量。从远处来说，当职业教育院校学生毕业走向工作岗位之后，这些学生就是未来中国国家社会建设的主力军，他们的劳动素质，他们的劳动力水平决定了中国经济建设和社会生产力的整体水平，更直接关乎中国国力的强弱和整个社会的发展层级。因此，职业教育专业建设质量监测与保障离不开教育评价与教育评价，实施职业院校专业建设 CIPP 评价是提高职业教育质量的重要措施。

---

① 周甜：《中小学教学质量元评价研究——以重庆市 A 区义务教育教学评估为个案》，西南大学 2015 年硕士学位论文，第 18 页。
② 韩映雄：《高等教育质量研究——基于利益关系人的分析》，上海科技教育出版社 2003 年版，第 77 页。

再次，从当前与未来的需求逻辑来看，实施职业院校专业建设 CIPP 评价是新时代教育变革的重要议题。"努力办好人民满意的教育"是"中国教育梦"伟大蓝图的核心主旨。"人民满意的教育"首先是一个教育的概念，因为只有"教"才能够实现"满意"，职业院校专业建设是职业教育发展的核心之一，也是职业教育能否成为人民满意教育的核心要素之一。同时，"人民满意的教育"还是一个"评"的概念，因为"满意"与否，质量好坏，只有通过评才能知道。因此，职业院校专业建设 CIPP 评价是实现办人民满意的职业教育的重要策略。两相结合，"办好人民满意的职业教育"必须实施职业院校专业建设评价。而选择 CIPP 评价模式，是基于职业院校专业建设评价现状的问题、职业院校专业建设过程的复杂性、因素的多元性所决定的。因此，通过职业院校专业建设 CIPP 评价，实现办"人民满意职业教育"的目标，正是有教有评、切实保障职业院校专业建设质量的基本逻辑。

（二）以评促建：有效引领专业建设的科学发展

"以评促建"的评价改革思路就是用教育评价技术去促进和推动专业建设技术改革与发展，从而有效引领专业建设的持续发展。这是对职业院校专业建设过程与结果的关注，主要是关心职业院校专业建设的效率问题，同时也涉及一点职业院校专业建设的效益问题。简单来说，实施职业院校专业建设 CIPP 评价主要的目的在于了解及改进职业教育专业建设工作本身的理论与实践，[1] 探讨职业

---

① Stufflebeam,Shinkfield,*Evaluation Theory*,*Models*,*and Applications*,San Francisco：CA Jossey-Bass,2007,p.650.

教育专业建设过程的特性，纠正可能产生的误差，提供并确保评价的绩效责任阐述及控制评价实施的偏差。① 从而保障职业院校专业建设的效率，尤其是保障职业院校专业建设过程的前进方向与资源利用的充分程度。所以，"以评促建"是职业院校专业建设 CIPP 评价的另一逻辑起点。

实施评价主要的目的在于了解及改进评价工作本身的理论与实践。根据斯塔弗尔比姆的观点，职业院校专业建设 CIPP 评价可以分为两类：一类是形成性评价，也就是职业教育专业建设前实施的评价，这一类评价主要用于评价工作决策，经常由内部人员实施；另一类是总结性评价，也就是专业建设评价是回溯性的评价，这一类专业建设评价主要用于评价工作绩效，由外部人员和第三方机构实施。② 由此看来，职业院校专业建设 CIPP 评价也可以分为以上两种类型，但是所有的评估工作主要针对专业建设工作的目的、专业建设工作的设计、专业建设工作的过程与专业建设工作的结果进行评价。基于对职业教育专业建设全过程的评价，从而反思和改进职业教育专业建设工作本身，那么，职业院校专业建设 CIPP 评价在专业建设中起着导向和质量监督的作用。因此，以评促建的中间工作还包括以评价促进管理，以管理指导建设。职业院校专业建设 CIPP 评价成为教育行政部门进行职业教育管理和指导学校工作，提高办学效益和水平的重要工具。

职业院校专业建设 CIPP 评价"以评促建"的逻辑源于通过评

---

① N.L.Smith, *Criticism and Meta-Evaluation*, L.Smith, *New Techniques for Evaluation*, In N.Newbury Park, CA: SAGE Publications, 1981, pp.266-273.

② 牛亏环、丁念金：《教育质量元评价初探》，《河北师范大学学报（教育科学版）》2013 年第 6 期。

价为管理者决策服务，以管理决策来促进专业建设过程。整个逻辑机理着眼于其规范功能、监督功能和激励功能，通过三大功能的发挥作用于职业院校专业建设进程。因此，职业院校专业建设 CIPP 评价"以评促建"的作用机理如图 2-3 所示：

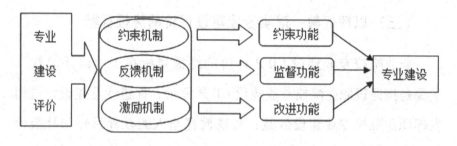

图 2-3　职业院校专业建设 CIPP 评价"以评促建"的作用机理

职业院校专业建设 CIPP 评价要对职业院校专业建设工作的目的、设计、过程与结果进行评价。因此，实施职业院校专业建设 CIPP 评价首先必须有约束机制。任何评价必须有一定的标准和操作规范，对职业院校专业建设 CIPP 评价的工作进行约束和规范。其次，职业院校专业建设 CIPP 评价还必须有一定的反馈机制。在职业院校专业建设 CIPP 评价之前，被评估方有必要把评估信息反馈给评估工作组；在职业院校专业建设 CIPP 评价过程中，评估方与被评估方之间适时交流反馈，保证信息畅通；在职业院校专业建设 CIPP 评价之后，评估方必须把评估结论反馈给被评估方，同时，还有必要公开或者反馈给其他相关部门。最后，必须根据职业院校专业建设 CIPP 评价结果出台一定的激励机制，这一激励机制指向职业教育专业建设本身，实施必要的奖励与惩罚。通过约束机制、反馈机制与激励机制，职业院校专业建设 CIPP 评价衍生出规范功能、监督功能和激励功能，进一步约束和规范职业院校专业建设行为，传递和宣扬职业院校专业建设进展，激励职业院校专业建设创新，共同推进职业院校专业建设 CIPP 评价"以评促建"目标的实现。

（三）以评促教：落实专业建设评价的终极目标

职业院校专业建设 CIPP 评价的终极目标在于"以评促教"，主要是指通过职业院校专业建设 CIPP 评价，促进专业建设，进而发挥职业院校专业建设效益，实现教育与人的教育目标和社会价值。因此，"以评促教"的逻辑是职业院校专业建设的终极目标，关注于职业院校专业建设结果的功能发挥。要实现"以评促教"，就必须以"以评促建"为中介支撑点，用职业院校专业建设撬动职业教育民生功能与社会价值的实现。然而，回到职业院校专业建设本身，要实现"以评促教"的终极目标，至少必须在促进学校职业教育专业建设改革和师资发展上起到重要的推动力作用，这也是职业院校专业建设 CIPP 评价"以评促评"的直接着力点。

第一，职业院校专业建设 CIPP 评价的结果会打造一批更加科学、更加规范、更具生命力的专业。伴随着专业建设的不断完善，一大批对应的要素与资源会随之不断完善。一方面，配套硬件的逐步改善，譬如教室、实验室、实训基地、实验器材等等。这些物质资料的极其丰富和改善，将直接助推学生的学习兴趣与教学的激情，这为提高职业院校教学质量提供了物质基础。另一方面，配套软件的改善，譬如师资队伍、发展理念、学校文化、班级文化等实力的提升，为学生学习与教师教学的改进营造了良好的氛围，有助于学生愉快、自觉地学，更有助于教师忘我、奉献地教。同时，专业设置与变革带来的课程改革和教学变化，也为职业院校教育教学提供了更好的外围条件。因此，职业院校专业建设 CIPP 评价的"以评促教"逻辑，是效益与效率取向的逻辑。

第二，职业院校专业建设 CIPP 评价促进职业院校师生理念革新与反思，激发职业院校师生的精神风貌，从而更有利于学习。实施职业院校专业建设 CIPP 评价会给职业院校师生带来以下的启发与收获：一方面，评价具有刺激作用，通过职业院校专业建设 CIPP 评价，职业院校师生、管理者在评价过程中，会因为要通过评价而好好教学，通过评价而好好学习，为通过评价而好好管理，这种良性的工作风貌一旦形成，不仅直接作用于职业院校的教育教学，而且会产生惯性作用，养成职业院校良好的工作风貌。另一方面，职业院校专业建设 CIPP 评价会以发展的观点看待结果，而不以淘汰和区分作为目标。所以通常来讲，职业院校专业建设 CIPP 评价重在帮助职业院校发现问题，从而进行改进。职业院校师生不必担心被淘汰或者被惩罚，而是会在评价结果反馈之后，进一步发现自己的不足，从而不断改进，这是促进职业院校进一步发展的重要动力与契机。这是职业院校专业建设 CIPP 评价"以评促教"的另一层逻辑。

第三，职业院校专业建设 CIPP 评价还可以基于职业院校教学质量和人才培养质量的提升，发挥更好的教育价值与社会价值，从而释放更加的专业建设"效益"。事实上，职业院校专业建设本身并不是实施职业院校专业建设 CIPP 评价的目的。之所以要通过职业院校专业建设 CIPP 评价保障职业教育专业建设的效率与效益，其最根本的还是要提高职业教育质量，尤其是提高职业教育人才培养质量。通过专业建设，变革课程，优化教学，从而提高职业教育人才培养质量。通过提高职业教育人才培养质量，发挥职业教育的教育价值，更好地服务经济社会发展。因此，职业院校专业建设CIPP评价的终极目标其实是为了发挥职业教育服务学生、服务学校、服务企业与市场、服务人民、服务社会的功能，释放职业教育的效益。这也是职业院校专业建设CIPP评价"以评促教"的终极目标。

三、职业院校专业建设 CIPP 评价的价值取向

职业院校专业建设CIPP评价的价值逻辑"有教有评"、"以评促建"、"以评促教"和"办人民满意教育"的教育理想与职业院校专业建设CIPP评价的"效率""效益"尺度紧密相关。因此，在实施职业院校专业建设CIPP评价的过程中，要始终坚持"效率""效益"两面大旗的指导，把"效率""效益"作为职业院校专业建设CIPP评价的价值取向，在评价目标、评价内容、评价标准、评价方法等方面做好职业院校专业建设CIPP评价的工作实践。

（一）目标取向：以改进推动发展

职业院校专业建设的效率与效益，最直接地体现在职业院校专业建设通过评价之后的改进和发展。如斯塔弗尔比姆所言，评价的目标不是为了区分，而是为了改进。因此，职业院校专业建设CIPP评价的目标取向就是通过评价促进职业院校专业建设改进，

以专业建设改进促进职业院校的发展。具体说来，在职业院校专业建设 CIPP 评价的目标定位中，需要定位好保证质量与提升层次、增强优势与突出特色、基础学科与应用学科。

1. 保证质量与提升层次

保证质量与提升层次是当前我国职业院校专业建设的两种不同目标取向，从评价目标来说，保证质量更多是基于效益的视角，着眼于现阶段专业建设与改进的成效，但是提升层次却追求的是在现有基础之上的提高，是未来职业教育地位与层次的升级。所以说，保证质量与提升层次是职业院校专业建设 CIPP 评价两种不同的价值目标取向，也都指向了职业院校专业建设的效率目标和效益目标。在近年来职业院校发展过程中比较普遍存在的现象之一就是片面追求办学层次的提升，特别是职业教育本科的不断兴起。[①] 职业教育办学层次的提高意味着专业建设的要求与难度也要不断提高，在保证质量与提升层次的目标定位上，首先，应树立全面的、全新的职业教育质量观。并不是层次高就是质量高，一定要扭转"用层次"代替质量的办学取向；其次，要树立特色教育质量观，尤其是不同学校确立有区分度的教育质量标准；最后，瞄准社会人才需求，以内部质量带动外部质量。总体来说，职业院校专业建设 CIPP 评价要以质量保证效益，用质量带动层次。

2. 增强优势与突出特色

增强优势与突出特色是职业院校专业建设的两种不同路径，也

---

① 杨磊、朱德全：《职业本科教育的"中国模式"探索：基于德国、英国、日本实践经验的启示》，《中国电化教育》2022 年第 8 期。

是两种不同的目标取向。从评价目标来说，完全合格是职业院校专业建设的基础目标，是保障职业院校专业建设效果的基础；增强优势和突出特色是职业院校专业建设的核心目标，是保障职业院校专业建设效率与效益的关键。所以说，增强优势与突出特色是职业院校专业建设 CIPP 评价两种不同的价值目标取向，也都指向了职业院校专业建设的效率目标和效益目标。从效率与效益的辩证关系来看，增强优势与突出特色也是辩证统一的关系。一方面，有些职业院校的优势专业并不是特色专业，专业设置与其他职业院校并无区别，只是在自己的专业圈里面相对较强，因而就成为优势专业；另一方面，有些职业院校的特色专业并不是优势专业，现实中确实存在这种情况，有些职业院校的某个专业很有特色，但是囿于师资、生源等问题，并没有发展成为优质专业。不过更多时候，一所职业院校的优势学科所在，也就是这所职业院校的特色所在。因此，从教育评价的角度来看，职业院校专业建设 CIPP 评价要同时重视职业院校专业增强优势与突出特色的目标诉求，通过专业建设做大做强，做出特色。

3. 基础学科与应用学科

专业建设与学科建设密不可分，在专业建设过程中，基础学科与应用学科的发展是一对必须面对的矛盾。一般来说，基础学科建设效率偏低，耗费时间和精力，效益也不一定理想。与此相反，应用学科的建设是速成类型的，投入到应用学科建设的资本，很容易在短期内得到回报，所以应用学科建设的效率是很高的。但是，也有一个问题就是职业院校的应用型学科多是一阵风，跟着市场的尾巴跑，经常滞后于市场变化，所带来的效益也比较有限。所以，基于职业院校专业建设 CIPP 评价的效率目标和效益目标,基础学科与应用学科不可偏废。一方面,职业院校毕竟不同于综合类大学,大部分专业和学科都应该是应用型的,应把学生推向职场,为学生一生职业生涯的发展奠基。在培养技能型人才的过程中,服务区域、服务社会、服务人民。另一方面,也不能完全忽视基础学科建设。基础学科的教育和研究,对于社会发展的影响是深远的。基础学科建设是增强职业院校办学实力的必要内容,所以,基础学科的建设始终是职业院校发展的重要任务。更为重要的是,基础学科也是其他学科的生长点。① 所以,注重基础学科的教育和研究是社会长远发展的需要。因此,要把基础学科与应用学科并重,兼顾短期与长期的效率与效益。

(二)内容取向:四核心带动全面

尽管理想的职业院校专业建设 CIPP 评价内容是全面的内容评价,但由于职业院校专业建设内容实在太过复杂,而且评价工作本身的技术与能力局限,因此职业院校专业建设 CIPP 评价只能采用重点评估带动全面评估。尤其要突出职业院校专业建设的"四大核心"——核心目标、核心资源、核心课程、核心发展。就职业院校专业建设 CIPP 评价本身来讲,以集群式、集约型、集成化为专业建设取向,体现职业院校专业建设 CIPP 评价的效率和效益。

---

① 王建刚、石旭斋:《高校学科专业建设中应处理好的几个关系》,《中国高教研究》2004 年第 8 期。过去的几十年中,经济学不断渗透到许多管理学的各个领域:会计学前沿研究领域深受信息经济学的影响;人力资源管理学大量运用组织经济学和激励理论的分析方法;市场营销学中的定价策略得益于信息经济学和博弈论;而公司战略学在很大程度上是博弈论和产业组织理论的延伸。

1. 集群式（cluster）取向：职业院校专业建设布局取向

职业院校专业布局是评估的重要内容，这是从宏观的视角评价职业院校专业建设的规划。专业布局结构是影响职业院校专业建设效率和效益的重要因素：一方面，一个良好的专业建设布局规划，有利于专业建设工作本身节约人力、物力，推进专业建设的进程，从而保障职业院校专业建设的基本效率和效益；另一方面，一个良好的专业建设布局规划直接关系到职业院校专业建设结果的有效性，专业建设的成效，关系到职业院校人才培养的质量与出口，因此，职业院校专业布局评价是保障职业有效专业建设效率与效益的重要方面。集群（cluster）是与孤立（single）相对应而存在的一个概念，就是1+1＞2的效益。首先，集群式职业教育专业布局能够妥善解决职业院校人才培养工作针对性和适应性的矛盾，建成"宽基础、活模块"的课程模式，同时也可以实施"一个平台，多个方向"的职业教育专业人才培养方案。其次，集群式职业教育专业布局有较强的稳定性和灵活性。一方面，职业院校可以根据区域产业结构的调整和社会用人单位的需求及时调整专业培养方向；另一方面，在集群式职业教育专业布局中，集群式职业教育专业布局本身又是稳定的，能够应对外界变化。最后，集群式职业教育专业布局使教育资源改善，能够实现资源共享，不仅节约资源的配置成本，而且还能够实现资源破配置的规模效应，从而提高职业教育专业建设资源的利用率。

2. 集约型（intensive）取向：职业院校专业建设过程取向

职业院校专业布局评价是从宏观的视角评价职业院校专业建设

的规划，而职业院校专业建设过程则是从资源配置的角度去审视专业建设的效率与效益。职业院校专业建设的过程是多方面人、财、物相聚合的过程，建设过程也就是图 2-3 的运行系统，这个过程中各种资源的利用程度、有效程度是关系到职业院校专业建设效率的直接性因素；同时，这些资源的使用效果、使用率更是直接关系到职业院校专业建设的效果和效益。因此，选择一个标准尺度和一个价值取向去规范职业院校专业建设过程，是保障职业院校专业建设效率和效益的一项非常重要的工作。集约（intensive）型发展与粗放（extensive）型发展是经济学概念，是相对的两种发展类型。职业院校专业建设的集约型发展与集群式专业结构是相辅相成的。在社会经济迅速发展、职业院校教育迅速发展的时期，各种教育资源相对紧张，但是社会经济发展对人才培养工作提出了更高更复杂的要求，即需要培养具有高站位职业意识，高品质专业能力，高质量职业劳动，高水平生涯发展的高素质技术技能人才。[1] 因此，在职业院校专业建设的实践中，必须走集约型发展之路。要充分挖掘职业院校专业建设中的各种资源，构成资源系统，形成整体效应，提高资源利用率，追求办学效益的最大化。把集约型建设过程作为职业院校专业建设的评价取向，从实践过程的角度对专业建设作出指导和引领，有利于保障职业院校专业建设的效率和效益。

3. 集成化（integrated）取向：职业院校专业建设效果取向

建设结果是职业院校专业建设 CIPP 评价的另一大重点。建设

---

① 顾建军：《高素质技术技能人才培养的现代意蕴与职业教育调适》，《国家教育行政学院学报》2021 年第 5 期。

结果是评价职业院校专业建设效率和效益的决定性变量，如图 2-2 所示，职业院校专业建设的效率是结果之于投入系统的数量及比率，效益则是职业院校专业建设的结果之于理念系统的比率。评价职业院校专业建设的结果，需要选择一个合适的价值尺度，重点考察职业院校专业建设的资源整合与资源配置结果。在自然科学中，集成（integrated）一词源自集成电路，集成的核心意义在于化零为整，由分散到集中，将损耗、干扰降低到最低程度。[1] 然而，在人文社科中，集成是指为了实现某一目标，若干集成单元通过相互作用和必要的整合及交叉复制动态地集合成一个泛边界状态的有机整体的过程。[2] 在实施职业院校专业建设 CIPP 评价的过程中，首先要重点考察职业院校专业建设对校内、校外教育教学资源的整合情况。校内资源的整合不仅仅是教师资源，还包括了图书馆、信息中心等各种职能部门以及学生方面的可以利用到的资源；校外资源整合要特别关注职业教育的实践属性与应用属性，充分整合与职业教育相关的各种行业、企业资源，为学生实习实践提供机会，为专业建设和学生培养提供校外支撑。当然，在评价职业院校专业建设结果的过程中，集成取向还代表了对资源配置效果的评价。

（三）标准取向：人本、公正与发展

评价标准是指对应于相应的评价指标，被评对象达到什么程度和水平才是符合要求的、良好的或是优秀的。评价标准不仅直接决定评价结果的好坏，更关系着评价工作的效用。一方面，标准产生

---

[1] 林勇、马士华：《集成化供应链管理》，《工业工程与管理》1998 年第 5 期。
[2] 孙淑生、李必强：《试论集成的内涵与特征》，《商业研究》2004 年第 6 期。

结果，有标准就会有问题。一套既定的评价标准会对不同职业院校专业建设的结果进行价值与等级的判断，即使不以区分为目标、不以好坏为结论，但是，标准之下总会有问题，这些问题就是影响评价工作效果的重要因素。另一方面，标准产生结果，但是标准本身的人本性、公正性与发展性直接决定了评价结果的科学性与公信度。设若职业院校专业建设 CIPP 评价标准不以人为本，不够公正，不关注发展，那么接受评价的职业院校未必会按照评价结论去实施改进。具体来说，职业院校专业建设 CIPP 评价是关于人的教与学、关于学校发展的价值判断、关于教育发展与未来的复杂问题，因此，需要坚持人本、公平、发展和科学的基本价值准则。

1. 人本：符合教育与人的发展规律

人本是职业院校专业建设 CIPP 评价需要坚持的第一标准。职业院校专业建设 CIPP 评价首先必须是"以人为本"，但是，"以人为本"并不是完全以学生或者教师的诉求为中心，不考虑一切约束，尤其是忽视教育规律。职业院校专业建设 CIPP 评价要坚持以人为本的原则，同时，还要以教育发展规律为依据。所以说，职业院校专业建设 CIPP 评价是符合教育与人的发展规律的评价。首先，职业院校专业建设 CIPP 评价要以培养人、发展人和服务人为核心取向，充分尊重人的权利，保证人的自由，开发人的潜力，创造人发展的有利条件。其次，职业院校专业建设 CIPP 评价属于教育评价领域。要在关照"整体人"的"人本"之上，不过分观照"个体人"的特殊诉求，把教育促进人的发展作为最根本的取向。之所以不过分观照"个体人"的特殊诉求就是要杜绝特权思想，回避关系行为，追求公平公正的职业院校专业建设评价。观照"整体人"的"人本"诉求，就是按照教育培养人、教化人、发展人的思路进行职业院校专业建设。以"整体人"的发展，成就"个体人"，塑造完整的人、全面的人和有技术有技能的人，这就是职业院校专业建设 CIPP 所追求的效率与效益。

2. 公正：符合社会公众的利益诉求

"公正"是社会的一种基本价值观念与准则。现代意义上的公正理念的主要依据可分为两类，一类是理念依据，包括平等理念、自由理念和社会合作理念；另一类则是现实依据即现代化进程和市场经济。[①] 公正表现为"给每一个人他所应得的"这种基本的形式。[②] 职业院校专业建设 CIPP 评价的公正理念主要是指评价程序的公正与结果的公平，而且要确保整个评价符合社会公众的利益诉求。第一，职业院校专业建设 CIPP 评价的最终是为了释放职业教育的民生功能，让职业教育服务学生、服务学校、服务企业与市场、服务人民与社会。第二，职业院校专业建设 CIPP 评价的程序要公正。从评价设计到评价实施到评价结果，都应该坚持独立、自主、客观、透明、公开、合法的实施原则，保障职业院校专业建设 CIPP 评价的专业性结果的公信度。最好建立第三方评估机构，提升评价机构的公信力。第三，体现差异平衡，不搞一刀切。在设计职业院校专业建设 CIPP 评价指标体系时，应结合评价目标进行分层分级设计，一方面，坚持严格遵守既定评价标准

---

① 吴忠民：《公正新论》，《中国社会科学》2000 年第 4 期。
② ［英］A.J.M.米尔恩：《人的权利与人的多样性——人权哲学》，夏勇、张志明译，中国大百科全书出版社 1995 年版，第 58 页。

的原则实施评价；另一方面，也要区分层次，根据层次的不同实施权变的评价准则。

3. 发展：满足职业院校、教师、学校的诉求

所有的评价都必须指向发展，否则这种评价就是没有意义的评价。教育是关系国计民生的公益性事业，职业教育更是关系着中国制造业的发展前进，因此，聚焦于发展，尤其是为职业院校、教师、学校的发展服务是职业院校专业建设 CIPP 评价标准制定的重要准则和基准取向。职业院校专业建设 CIPP 评价在"以评促建""以评促教"的过程中，要释放职业教育的民生功能，就必须让职业院校专业建设 CIPP 评价符合可持续发展的尺度，成为一种满足职业院校、教师、学校诉求的评价。首先，职业院校专业建设 CIPP 评价要坚持"以评促建"的效率取向，保证职业院校专业建设的成果，从而服务职业院校办学。其次，职业院校专业建设 CIPP 评价要能够"以评促教"，一方面，为教师工作与教学创造良好的工作环境；另一方面，要能够为教师教学提供决策依据，为教师改进教学服务。最后，职业院校专业建设 CIPP 评价还必须回到学生发展的层面上，通过专业建设，课程改革、教学改革等等多方面，为学生发展提供更好的平台。以学生发展，成就教师发展，推动学校发展，服务社会发展，实现"四位一体"的协调共享发展。

（四）方法取向：科学、全息与多元

教育活动本身是一种合目的性与合规律性相统一的过程，因此，所有关于教育的评价都是对教育实践结果与既定目标之间相一

致或吻合程度的一种理性估价与判断。① 因此，职业院校专业建设 CIPP 评价是一种过程、结果与目的相统一的评价，是从"背景—投入—过程—结果"的全息式评价，必然是多元参与、多元方法的现代性评估。

1. 科学评价：职业院校专业建设 CIPP 评价方法的基本取向

评价的科学性是保证评价结果的可信度与公正性的重要依据。职业院校专业建设 CIPP 评价方法的科学性要特别关注以下三个评价的科学问题：一是评价设计的科学性，尤其是评价方案的设计和评价主体的选择。职业院校专业建设 CIPP 评价的根本宗旨在于提升教育质量评价的合理性。所以，职业院校专业建设 CIPP 评价方案设计应该整合教育、教育质量、教育质量评价的性质，这是起点上的科学性。② 而在评价过程中，评价实施的主体应该是具备相关知识与技能，具有一定评估资历和经验的专业团队，评价者的专业性是保证职业院校专业建设 CIPP 评价效率和效益的关键所在。二是评价方式和评价方法的选择问题。一方面，实施职业院校专业建设 CIPP 评价需要根据评估对象、评估内容的不同，选择适宜的评估方式与评估方法，确保评估过程的科学性与有效性；另一方面，更需要尝试多元的评价方式与评价方法，这是第二点需要仔细论述的评价取向。三是评价技术的科学性与先进性。信息时代与大数据时代的到来，云计算等新的数据处理技术应该应用到职业院校专业建设 CIPP 评价，当然，也不能苛求评价过程与结果的全面性和技

---

① 阎光才：《教育评价的正当性与批判性评价》，《北京师范大学学报（社会科学版）》2003 年第 2 期。

② 金娣、王刚：《教育评价与测量》，教育科学出版社 2002 年版，第 63 页。

术的精良性。有时候作为手段的科学化的追求和技术的完善反客为主而成为目的，评价活动的本体意义倒成为无关宏旨的赘余。

2. 全息评价：职业院校专业建设 CIPP 评价方法的关键要领

因为职业院校专业建设 CIPP 评价本身是一个而复杂的、动态的过程系统，因此，职业院校专业建设 CIPP 评价必须是全息的模式，尤其是评价的方法与技术能够全过程、高效率地反映并且判断职业院校专业的建设过程。因此，职业院校专业建设 CIPP 评价技术，一是要关注职业教育特点，凸显人才培养的职业性与应用性；二是要关注职业院校特点，凸显专业建设的科学决策与整体建设；三是要关注专业建设特点，凸显专业建设的发展效率与整体效益。在具体的方法与模式运用中，既要考察专业建设的人才培养质量与专业发展成效等成果性评价，又要在考察专业现有基础、水平的基础上考察专业发展的水平与速度、效益与效率。按照系统论的哲学理念，选择全息性的评价方法。作为一个全息性的过程评价系统技术，在评价的起始端，明确职业教育专业建设的主要指向，也就是职业院校专业建设的核心目标，重点评价职业院校专业建设的目标的适应度。在职业院校专业建设资源输入评价方面，能够全面分析职业院校专业建设的核心资源，特别是教师资源（尤其是"双师型"教师）、教学资源与经费资源，用系统的方法，分析评价职业院校专业建设条件的保障度。在职业院校专业建设 CIPP 评价的过程技术上，重点分析核心课程，分析评价职业院校专业建设课程的有效度。最后，在职业院校专业建设结果的评价技术上，分析和评价职业院校专业建设的核心发展，重点关注职业院校专业建设的满意度。基于职业院校专业建设全过程的分析和判断，把效率和效益作为根本的尺度与取向，力求用全息性的因素分析与判断，保障职业院校的专业建设要考量到专业建设所培养的人才应对社会需求和专业建设本身内在规律的均衡，实现有效的、可持续性的发展与改进。

3. 多元评价：职业院校专业建设 CIPP 评价方法的时代选择

目前，我国职业院校专业建设 CIPP 评价方式主要以量化评价、教师评价、综合性评价为主。职业院校专业建设 CIPP 评价的发展观要求评价方式由单一性向多样性转变，强调多种评价方式的相互结合与补充。第一，评价方法应坚持多元化的原则：①量化评价和质性评价相结合；②形成性评价和综合性评价相结合；③自评和他评等多元化评价主体相结合。根据信息论观点，职业院校专业建设 CIPP 评价的实质可以分解成信息加工的系列过程。第二，评价技术与手段应该多元化。在技术上，把现代与传统的技术与方法及其使用者纳入考察的范围内。同时，还要大胆尝试大数据、云计算、虚拟仿真等新时代的科技，在评价技术上实现科技化、数字化与多元化。第三，评价主体要多元化。职业院校专业建设是一个复杂的过程，关系到多元利益主体，因此，要大胆吸收除了政府与学校之外的评价主体，要广泛吸收企业、行业、家长以及权威的第三方评估机构参与评价，通过多元主体的利益表达，探寻最理想的职业院校专业建设。通过方法、技术与主体的多元化，保证提升职业院校专业建设 CIPP 评价的科学性，释放职业院校专业建设的效率与效益。

第三章　职业院校专业建设 CIPP 评价的四核指标体系建构

　　专业是职业院校进行教育教学的基本单位，是职业院校与经济社会系统对接的主阵地。职业院校专业建设评价标准的科学性与适切性引领和关系到专业建设的合理性和有效性，影响着专业建设目标与规划、人才培养目标与规格、人才培养过程的科学性和人才培养质量的高低。职业院校专业建设指标体系的设计是一个系统、持续、极具挑战性的工作，众多学者与实践者正在努力探究并形成相对完整与自成体系的专业建设评价指标体系。本书从职业院校专业建设与人才培养的特点出发，引入 CIPP 评价模式的基本思想，围绕职业院校专业建设指标建构思想与基本原则，初步建构了职业院校专业建设评价指标的基本维度与核心指标。

一、职业院校专业建设 CIPP 评价的
指标建构思想

（一）凸显人才培养的职业性

人才培养是专业建设评价的出发点和落脚点，也是本书构建职业院校专业建设 CIPP 评价标准的出发点和落脚点，尤其要力求体现人才培养的职业性特点。按照斯塔弗尔比姆提出的背景、输入、过程和成果四项评价活动，背景评价主要在于了解相关专业建设的历史、环境，诊断特殊问题，分析建设需求，确定建设需求，鉴别建设机会，制定建设目标等，其中确定建设需求和设定建设目标是主要任务。输入评价用于收集专业建设的资源信息，评价建设资源，确定如何有效使用现有资源才能达到专业建设目标。显然，配备足够的资源并有效使用是主要任务。过程评价则主要运用于监督、记录和评鉴方案进展中的活动。最后，采取终结性评价，对方案到达、影响目标受众（target audience）的程度作出评鉴并进行及时反馈和改进。

职业院校专业建设 CIPP 评价中，背景评价要关注人才培养的目标定位、规格和职业面向，要特别突出人才培养的职业要求与应用特点等，充分关注产业、行业、企业和职业岗位等对专业建设和人才培养的具体要求和重要影响。输入评价则要关注并收集专业建设和人才培养所需的各种资源，要对人才培养活动所需的教师、课程、教学、实习实训等人、财、物、时间、空间、信

息、政策等要素予以配备。对于过程评价，要关注专业人才培养模式改革与课程体系建设，以"双师型"教师为主体的专业教师队伍建设，以企业参与人才培养全过程为主要目标的校企合作、工学结合运行机制建设，特别要体现职业教育人才培养的鲜明特点。对于成果评价，要关注技术技能型人才培养和参与社会培训、技术服务的规模、质量、模式等内容，关注专业建设的经济效益和社会效益。

（二）凸显专业建设的科学性

近 20 年来，我国职业院校获得了跨越式发展，中职学校不断整合升格导致职业院校井喷式增加，在校生几何倍数增长，专业同质化现象严重，专业建设水平参差不齐。追本溯源，这些问题产生的最关键因素在于个别职业院校专业设置入口关把控不到位，个别职业院校专业建设盲目性发展，专业建设目光短视，盲目跟风，缺乏全面调研与科学决策机制，缺乏长远规划与整体建设机制，缺乏科学评价与动态预警机制。这些问题直接导致职业院校所培养的人才不适应产业发展、职业岗位的需求和要求，就业出现结构性矛盾，改革发展面临十分被动尴尬的窘境。

职业院校专业建设 CIPP 评价，针对终结性评价重在结果甄别的弊端，从专业建设投入产出的关系分析出发，强调发挥评价在专业设置、目标和规划确定、建设过程中的诊断、分析、鉴定和激励的作用，挖掘专业发展优势和特色，聚焦专业建设的问题和不足，强调发挥评价对专业建设的决策指导与改进作用，提出专业建设改进与完善建议，服务于专业发展的科学决策，服务于专业建设的整体实施。

职业院校的专业建设，是以专业为主阵地，以各级教育行政机构、行业企业等力量为支持，结合自身优势，科学准确定位，抓住行业与产业需求、紧扣企业与职业需求来设置专业建设目标，并主动创新、积极改革，促进专业自身内部各要素的良好沟通和运转。为此，职业院校专业建设 CIPP 评价指标体系的设计，要结合专业运行全过程，突出职业院校特点。在评价指标体系构建中，要以系统的思维整体认识和处理，整体处理好人才培养目标和规格定位、"双师型"教师队伍与实训基地建设、课程与教学改革、人才培养质量之间的关系，整体处理好专业建设背景评价，专业建设资源输入评价与分析，专业建设过程监控评价，专业人才培养质量为标志的成果评价之间的有机联系，从而为专业改革发展提供科学的咨询建议。

因此，职业院校专业建设 CIPP 评价标准强调通过人才需求调研，立足于社会需求、人才培养需求、行业需求、岗位需求对专业建设目标、专业建设规划、人才培养目标和人才培养方案作出科学规划与准确定位，体现对人才培养市场需求的预测和前瞻性。注重基于专业建设的生命周期与人才培养的发展周期，长远规划与整体谋划专业建设过程与人才培养过程。在评价指标的设计上高度关注以人才培养质量为重要标志的专业建设成果。

（三）凸显专业建设的两效性

长期以来，个别职业院校专业建设过程中存在重投入、轻产出，重局部效果、轻整体效益，重短期效应、轻长远效益等不良现象。职业院校专业建设 CIPP 评价旨在改变这种不合理现象，以投入产出之间的比率来评判和分析专业建设的实际效果，建立效率与效益兼顾的价值取向。职业院校专业建设的效率是职业院校专业建设的输出之于职业院校专业建设的投入而言的，就是"在规定时间内，以较少的精力达到当时条件下尽可能最大的效果"。通常情况下，效率越高越好。但职业教育专业建设不可一味地追求高效率，而应该在充分遵从职业教育自身发展规律和人才培养规律的前提下，保持适当的职业院校专业建设效率。

职业院校专业建设的效益是指职业教育专业建设及其结果与社会和个人发展的需求是否吻合以及吻合的程度如何。职业教育专业建设既满足了个人的成才需求，促进学生个人在智慧、品质、体格、技术技能等方面的成长和发展，又培养了符合社会需要的、合格的社会公民。因此，职业院校专业建设评价需要把"效益"作为价值取向之一，通过系统设计专业建设规划、科学有效的专业建设评价，在专业建设实践中处理好短期效应与长期效益、规模扩大与质量提升、增强优势与突出特色、局部效果与整体效益、投入与产出之间的关系。要考量到专业建设所培养的人才应对社会需求和专业建设本身内在规律的均衡，实现有效的、可持续性的发展与改进。为此，在指标体系的设计中，应突出专业建设特点，体现专业发展的增量及速度，兼顾专业建设的经济效益和社会效益。

二、职业院校专业建设 CIPP 评价的指标建构原则

（一）动态发展原则

任何一个专业从产生到发展，都有一个生命周期，一般要经历专业形成期、成长期、成熟期和衰退期。因此，专业建设不可能一蹴而就，它是一个长期性的、持续性的系统工程。与专业建设的特点相适应，专业建设评价标准也应该是一个动态的、发展性标准，既有绝对、刚性的指标，又包含动态发展的相对指标。只有兼具绝对指标与相对指标的评价标准，才能促进发展基础较好的专业进一步完善，也能促进发展基础薄弱的专业进一步夯实，促进不同发展周期、不同发展水平的专业同步改革发展。

（二）系统整合原则

传统的专业评价比较关注对教育投入的评价，如对专业的师资、经费、硬件资源、设施设备等显性条件的评价，而对人才培养目标与社会需求之间的契合度、学校人才培养与对服务区域经济的贡献度、社会对学校的认可度、用人单位对毕业生的满意度等隐性指标较少关注，对人才培养的质量、毕业生所具有的能力和水平、毕业生的就业质量等隐性、延时性指标很少关注。

职业院校专业建设 CIPP 评价指标体系是一个系统性、整合性的框架体系。从评价观测点看，既重专业建设经费、教师队伍建设、实习实训条件等教育投入又重人才培养质量、技术服务、社会

培训等教育产出，既重专业建设基础等背景分析又重人才培养模式
改革、教学模式改革、评价模式改革、校企合作工学结合运行机制
建设等专业建设过程；从评价类型看，兼顾人才培养模式、教学模
式、评价模式存在的问题等诊断性评价、形成性评价和终结性评
价，既关注专业建设目标确定为标志的起点，又关注改革创新的过
程，也关注以人才技能技术水平为代表的建设结果；从评价标准
看，兼顾绝对标准与相对标准，既重应有目标达成度，又重评价目
标相对发展，既重现有发展水平，又重潜在发展空间，形成从专业
建设背景分析到成果评价再到新的背景分析的良性循环（CIPP 评
价环）；从评价方法看，兼顾定量评价与定性评价，既有对实体要
素（如资源、条件）的定量评价，又有对非实体要素（如背景）
的定量与定性的整合评价。

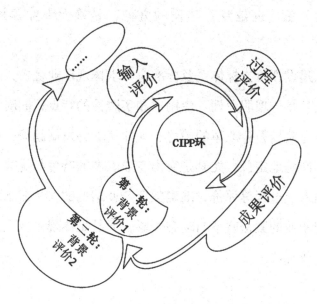

图 3-1 专业建设 CIPP 评价环

（三）决策导向原则

职业院校专业建设 CIPP 评价与其他评价模式不同的关键在于这种评价模式以改进为主要导向，为专业建设实践者提供专业建设背景分析的素材、资源输入的建议和成果质量的尺度。专业建设 CIPP 评价的目的不仅在于检测专业建设目标的达成度，更在于及时发现专业建设存在的问题，明确专业建设改革创新的方向，为教育行政部门、学校领导、专业负责人、专业师生等进行决策提供准确、实用、详细的信息，以更好地指导专业建设及人才培养工作。当然，职业院校专业建设 CIPP 评价要达到这样的目的，必须要在评价标准中植入专业建设价值导向。因为，职业院校专业建设 CIPP 评价指标是专业评价的核心，是确保专业建设评价科学性与公正性的关键；也是专业建设的方向，是确保专业建设方向的关键。

专业建设评价指标体系及标准应力求体现职业院校人才培养的要求，尤其是体现职业性、应用性和实践性的特点；同时，还应科学反映职业院校教育改革的趋势、人才培养的发展趋势，引领专业建设科学准确地定位，尤其是突出专业发展的特色与优势；在开展背景、输入、过程等评价时准确契合产业结构的人才需求结构，强调专业与职业的紧密联系与动态关联，尤其是体现专业人才的素质结构与专业标准。

三、职业院校专业建设 CIPP 评价的指标建构框架

专业保持持续的核心竞争优势的关键是什么，这是职业院校专业建设尤其关注的问题。当下，职业院校专业建设主要存在的问题有：高投入、低产出，资源浪费，效率低下；人才培养不能完全适应产业行业发展的需要，不能完全适合学生发展的需求，效益不高等。深究专业建设问题产生的根源之一，可能在于专业准入标准、建设标准、评价标准在引导上存在问题。如，专业建设评价价值导向不明确；评价指标体系烦琐，重心不突出，没有聚焦人才培养的核心问题，没有科学引领课程建设；评价组织实施效率不高，评价效果没有取得明显的实效，没能很好引领与改进专业建设；等等。

（一）指标构建基础思维

本书将 CIPP 评价模式运用于职业院校专业建设评价，CIPP 评价模式的基本观点是"评价目的不在于证明而在于改进"。CIPP 评价将人才培养活动作为一个整体来进行评价，而不是评价某一个部分。它由背景评价、输入评价、过程评价、成果评价等四种评价组成，这四种评价为决策的不同方面提供信息。

首先，CIPP 评价贯穿于专业建设的每个环节。这在一定程度上可以引领专业建设的方向与建设过程。如，背景评价对应于确定人才培养需求和人才培养目标环节，输入评价对应于决定人才培养

所需的课程、教学、实习实训等资源保障，过程评价对应于课程体系建设、教学模式改革、校企合作工学结合运行机制建设等人才培养活动的主要工作过程，成果评价对应于专业实习实训设备、数字化教学资源、师生技能技术水平、社会培训、技术服务等专业建设成果。

其次，CIPP 评价在大数据背景下对人才培养活动的全过程进行监控。CIPP 通过过程监控，可以使人才培养活动过程中可能导致失败的潜在原因、不利因素以及人才目标之间尚存的距离等情况变得清晰明朗，也更使得培养活动在执行过程中能够不断据此作出适时、适当的战略、策略调整或方式、方法改进。

再次，CIPP 评价可以对人才培养活动质量进行及时反馈。成果评价既可以在人才培养活动结束以后进行，也可以在活动之中进行。也就是说，CIPP 评价不仅希望在培养活动以后进行成果评价，使其反馈意义更多地作用于后续的专业建设实践，同样还希望在培养之中进行成果评价，以使其反馈意义更多地作用于正在实施着的培养活动。因为培养活动中的成果评价可以再次为改善和促进培养进程提供更多有益的依据和动力，又有助于充分挖掘学生的学习潜能和强化学生的学习动机，符合动态发展人才市场和产业转型升级对人才需求的变化。

（二）"两效四核"评价框架

基于职业院校专业建设及评价的现状，借用 CIPP 评价的理念与模式，本书提出"两效四核"评价思想，"两效"即效率、效益；"四核"即核心目标、核心资源、核心任务、核心发展。职业院校专业建设及评价在价值取向上立足于效率与效益，即确保专业建设活动及评价工作"又好又快"。在本书中，效率与效益作为职业院校专业建设 CIPP 评价模式的价值取向，也即职业院校的专业建设要考量到专业建设所培养人才应对社会需求和专业建设本身内在规律的均衡，实现有效的、可持续性的发展与改进。

在指标体系设计上，按照 CIPP 评价思想与职业院校专业建设评价主旨，背景评价要了解相关专业设置和改革发展的环境，诊断专业存在的特殊问题，分析和确定专业建设人财物等需求，找到专业发展的优势，在调研基础上制定建设目标等，其中，确定建设需求和设定建设目标是主要任务。

因此，在背景评价中强调对职业院校专业建设目标和人才培养目标的考察。输入评价要收集建设资源信息，评价教师、课程、教学等建设资源，确定如何有效使用现有资源才能达到建设目标和人才培养目标，确定项目规划和设计的总体策略是否需要外部资源的协助。显然，配备足够的资源并有效使用是主要任务。所以，在输入评价中应注重对人才培养所需的教师、经费、设施设备等资源保障的考察，明晰人才培养活动所需的核心支撑，聚焦资源保障存在的核心资源，即核心资源的支撑力度。过程评价要监督、记录和评鉴方案进展中的活动。在过程评价中侧重对人才培养活动最关键的任务进行考察，即对核心任务的考察。成果评价要对方案到达、影响目标受众（target audience）的程度作出评鉴。同时，在成果评价中侧重对学生的核心发展进行考察，即对核心发展的考察。

职业院校专业建设 CIPP 评价通过背景、输入、过程和成果四个环节的全面考察，聚焦职业院校人才培养的核心目标、核心资源、核心任务及核心发展，建构基于"两效四核"的 CIPP 评价模式，真正发挥专业建设评价对于专业建设的引领、诊断、指导和激励的作用。

表 3-1　职业院校专业建设 CIPP 评价框架

价值取向（两效）	评价维度（四维）	评价指向（四核）	评价标准（四度）
效率 效益	背景评价	核心目标	目标的适应度
	输入评价	核心资源	条件的保障度
	过程评价	核心任务	任务的有效度
	成果评价	核心发展	发展的满意度

本书构建的职业院校专业建设 CIPP 评价框架，勾勒出"两效四核"评价框架体系，以效率、效益为价值取向，以背景评价、输入评价、过程评价和成果评价为评价"四维"，以核心目标、核心资源、核心任务和核心发展为评价"四核"重心，以人才培养目标的适应度、教师和教学资源条件的保障度、专业建设工作任务实施的有效度、学生和社会用人单位发展的满意度为评价"四度"标准。

职业院校专业建设"两效四核"评价根据社会分工、经济和社会发展对职业院校人才培养的需要以及学科发展，以核心目标培养为导向，突破核心资源的制约与束缚，强化核心课程建设，促进学生核心能力的培养，有效实现学生的核心发展。对于专业建设活动而言，"两效四核"评价思想非常明确地指出了专业建设的重心：专业建设以人才培养核心目标为引领，以教育教学基础设施建设为基础，以教师队伍建设为支撑，以课程建设为重心，以实践教学体系建设为关键，以学生核心能力的发展为目标。职业院校专业建设评价坚持"以评促建、以评促改，以评促发展"的指导思想，通过评价实践，构建专业建设评价体系，引领专业建设活动，进而引导并提升职业院校专业建设水平，增强学校可持续发展能力和核心竞争力。

（三）层次分析建构权重

层次分析法又称 AHP（Analytic Hierarchy Process，简写为 AHP）构权法，是将复杂的评价对象排列为一个有序的递阶层次结构的整体，然后在各个评价项目之间进行两两的比较、判断，计算各个评价项目的相对重要性系数，即权重。AHP 构权法又分为单准则构权法和多准则构权法，在本书中主要运用单准则构权法完成 CIPP 指标权重构建。

1. 确定指标的量化标准。层次分析法的核心问题是建立一个构造合理且一致的判断矩阵，判断矩阵的合理性受到标度的合理性的影响。所谓标度是指评价者对各个评价指标重要性等级差异的量化概念。确定指标重要性的量化标准常用的方法有：比例标度法和指数标度法。比例标度法是以对事物质的差别的评判标准为基础，一般以 5 种判别等级表示事物质的差别，当评价分析需要更高的精确度时，可以使用 9 种判别等级来评价，见表 3-2。

表 3-2　比例标度值体系差别（重要性分数）

取值含义	1.9 标度	5/5.9/1 标度	9/9—9/1 标度
i 与 j 同等重要	1	1（5/5=）	1（9/9=）
i 与 j 较为重要	3	1.5（6/4=）	1.286（9/7=）
i 与 j 更为重要	5	2.33（7/3=）	1.8（9/5=）
i 与 j 强烈重要	7	4（8/2=）	3（9/3=）
i 与 j 极端重要	9	9（9/1=）	9（9/1=）
介于上述相邻两级之间重要程度的比较	2、4、6、8	1.222（5.5/4.5=） 1.875（6.5/3.5=） 3（7.5/2.5=） 5.67（8.5/1.5=）	1.125（9/8=） 1.5（9/6=） 2.25（9/4=） 4.5（9/2=）
与比较	上述各数的倒数	上述各数的倒数	上述各数的倒数

本书通过以上方式将 A1 核心目标、A2 核心资源、A3 核心任务和 A4 核心发展的量化标准确定为 0.2、0.3、0.3 和 0.2，同时根据专业类别和个性化特点，增加了专业特色指标。

2. 确定初始权数。初始权数的确定常常采用定性分析和定量分析相结合的方法。一般是先组织专家，请各位专家给出自己的判断数据，再综合专家的意见，最终形成初始值。

本书首先将研究的目的、已经建立的评价指标体系和初步确定的指标重要性的量化标准发给专家，请专家根据上述的比例标度值表所提供的等级重要性系数，独立地对各个评价指标给出相应的权重。其次，根据专家给出的各个指标的权重，分别计算各个指标权重的平均数和标准差。再次，将所得出的平均数和标准差的资料反馈给各位专家，并请各位专家再次提出修改意见或者更改指标权数的建议，并在此基础上重新确定权重系数。最后，重复以上操作步骤，直到各个专家对各个评价项目所确定的权数趋于一致，或者专家们对自己的意见不再有修改为止，这个最后的结果就作为初始的权数。

3. 对初始权数进行处理。首先，建立判断矩阵。通过专家对评价指标的评价，进行两两比较，其初始权数形成判断矩阵，判断矩阵中第几行和第几列的元素表示指标与比较后所得的标度系数。其次，计算判断矩阵中的每行各标度数据的几何平均数。最后，利用公式计算，进行归一化处理，依据计算结果确定各个指标的权重系数。

四、职业院校专业建设 CIPP 评价的
指标要素设计

职业院校专业建设 CIPP 评价指标体系的设计主要运用了文献分析法、德尔菲法等。首先，全面梳理专业建设的相关文献。如，高等职业教育专业群建设评价指标体系包括 6 个一级指标：人才培养体制建设、课程体系构建、实训体系建设、信息化教学资源建设、"双师"团队建设、管理体制和运行机制建设。[1] 高校名牌专业评价指标体系由师资队伍、教学条件、教学管理与改革、水平与质量、效益与特色等五个一级指标构成。教育部特色专业评价指标体系由建设目标与支持保障、师资队伍、教学条件、人才培养方

---

① 方飞虎、潘上永、王春青：《高等职业教育专业群建设评价指标体系构建》，《职业技术教育》2015 年第 5 期。

案、教学管理、课程与教材建设、实践教学、人才培养质量和社会声誉等 8 个一级指标组成。[1]

其次，深入开展专家访谈。本书多次召集相关专家来探讨指标体系的设计，分别采用头脑风暴法与德尔菲法来探讨评价指标体系框架的设计。结合文献分析的成果形成一个相对合理的评价指标体系。

最后，修订形成评价指标体系。在前期形成的评价指标体系基础上，综合多方面开展一线调查，深入分析调研结果，修订形成评价指标体系。如表 3-3 所示。

表 3-3　职业院校专业建设 CIPP 评价指标体系

A 级指标	B 级指标	主要观测点	指标说明
A1 核心目标 （0.20）	B1 目标定位 （40%）	C1 专业建设目标与规划执行（50%）	专业建设规划的科学性、可行性，专业建设规划执行的有效性、一致性
		C2 专业人才培养目标（50%）	培养目标和培养要求与区域人才需求、专业人才培养定位、课程设置的适应与符合程度
	B2 培养方案 （60%）	C3 培养方案各要素匹配程度（50%）	培养方案各要素匹配程度：培养目标、培养要求、专业定位、课程设置等要素之间的匹配程度
		C4 毕业生的知识、能力和素质对培养目标的支撑程度（50%）	培养方案各要素支撑程度：培养目标、培养要求、专业定位、课程设置等要素对人才培养质量的支撑程度

---

[1] 陆玲、缪培仁、陈婵娟、王恬：《我国高校特色专业评估的理念与实践》，《中国农业教育》2017 年第 5 期。

续表

A 级指标	B 级指标	主要观测点	指标说明
A2 核心资源 （0.30）	B3 教师资源 （40%）	C5 教师队伍建设规划与执行（20%）	教师队伍建设规划的科学性、可行性，教师队伍建设规划执行的有效性、一致性
		C6 专业教师的生师比（20%）	专业教师指从事专业课（含专业基础课）教学工作的专任教师
		C7 "双师型"教师的生师比（20%）	参加并取得"双师型"教师称号的生师比
		C8 优秀教师的比例（20%）	获得各级优秀教师、骨干教师、名师、专业带头人等荣誉称号的比例
		C9 高学历教师比例（10%）	专业专任教师中具有硕士及以上学位教师所占比例
		C10 教师队伍年龄结构（10%）	老中青结合、形成梯度发展
	B4 教学资源 （40%）	C11 现有教学实训、实验仪器设备（含软件）生均值（25%）	单价 1000 元以上的设备
		C12 近五年新增的教学实训、实验仪器设备（含软件）生均值（25%）	近五年新增单价 1000 元以上的设备
		C13 近五年校外实训、实习、实践基地数量及各基地参加学生人数、次数与专业在校生总数的比值（25%）	校外实习实践基地是指近五年有学生实习且签有协议的实习实践基地
		C14 校企合作的数量与效果情况（25%）	校企合作是指签订合作协议的企业
	B5 经费资源 （20%）	C15 专业生均经费（100%）	专业经费投入生均值

A 级指标	B 级指标	主要观测点	指标说明
A3 核心任务 （权重： 0.30）	B6 人才培养 模式改革 （20%）	C16 人才培养模式改革（40%）	关注人才培养标准、方式方法与行业企业要求，职业资格标准的适应度
		C17 教学模式改革（30%）	关注教学内容、教学方式方法、教学手段和教学策略的改革实施过程和效果
		C18 评价模式改革（30%）	教学评价和学生综合素质评价内容、方式方法、手段
	B7 课程 体系建设 （20%）	C19 职业能力分析（20%）	基于岗位典型工作任务、职业能力要求等进行职业能力分析，作为课程体系建构的依据
		C20 课程体系建构（20%）	在理论与实践相融合、教学内容与岗位需求相适应的注重综合素质培养的课程体系建立等方面的课程改革方案和课程发展规划及有关的成效
		C21 课程标准开发（40%）	围绕专业方向课程、核心课程进行课程标准开发并运用于课程教材开发
		C22 校本课程编制（20%）	在形成适应新兴产业、新职业、新岗位的校本课程和教材开发、应用和更新机制方面的成效
	B8 教师 队伍建设 （30%）	C23 专业带头人培养（15%）	关注"四类"教师队伍建设的制度建设；培养方案和年度实施计划设计与实施，培养培训工作的推进情况和有效性；教师实践教学能力提升情况
		C24 骨干教师培养（40%）	
		C25 "双师型"教师培养（35%）	
		C26 兼职教师队伍建设（10%）	

续表

A 级指标	B 级指标	主要观测点	指标说明
A3 核心任务 （权重： 0.30）	B9 校企 合作、工学 结合运行 机制建设 （30%）	C27 校企合作机制建 设（30%）	建立校企合作指导委员会， 行业企业参与专业人才需 求调研，人才培养方案制 定，课程体系建设，教师 培养培训等工作
		C28 校内外实训基地 建设（50%）	校内实训基地建设情况， 包括场地面积、设备设施、 数量和种类配备、与专业 规模和教学需要适应等情 况；校外实训基地或实习 场所建设情况，数量和稳 定性
		C29 集团化办学（20%）	学校参与或牵头开展集团 化办学的实际情况，发挥 集团化办学优势，促进学 校发展与改革的突出成效
A4 核心发展 （权重： 0.20）	B10 办学规模 （10%）	C30 办学规模（100%）	近三年，学历教育在校生 年平均人数
	B11 学生 培养质量 （50%）	C31 专业知识与技能 （40%）	专业知识测试合格率，技 能等级证书或职业资格证 书获证率，全国、本市以 及行业或区（县）竞赛中 获奖
		C32 思想品德与体能 （30%）	学生思想品德、行为规 范和学习风气，无重大事故、 违法、犯罪情况，操行评 定合格率；体质健康测试 达标率，体能良好
		C33 毕业生就业情况 （30%）	近两届专业学历教育毕业 生中，平均就业率，平均 专业对口率，就业后三个 月稳定率，升学率适度； 毕业生质量好，获用人单 位很好的评价

续表

A 级指标	B 级指标	主要观测点	指标说明
A4 核心发展 （权重： 0.20）	B12 教师 专业成长 （20%）	C34 教师技能水平（50%）	专业教师能积极参加优质课或专业技能操作竞赛，成绩和效果好，有市级以上获奖
		C35 学生满意度（50%）	学生对专业教师的师德、师风以及教学水平满意度
	B13 专业 影响力 （20%）	C36 专业获奖（30%）	近三年在本地区、行业或全国职教界影响，获得市级以上表彰；有很好的社会形象和声誉
		C37 辐射作用（30%）	为校内外专业提供了有价值的经验；在产教结合、校企合作中成果丰富、显著，产生了教学效益、社会效益和经济效益
		C38 服务地方经济（40%）	专业教科研成果丰富，对同类专业有较强的借鉴和骨干带头作用，推动了地区职业教育发展
A5 专业特色 （附加）	专业特色建设、实施过程和效果		在实践中培育和凝练出的专业特色及其效果说明

（一）背景评价的指标要素设计

1. 背景评价的主要指向：核心目标

为全面了解背景评价的设计意蕴，这里先对"核心"与"目标"两个词语进行解读。在中文里，"核心"的意思是中心。从事物之间的关系来看，核心就是主要部分。在英语中，核心用 core 来表示，其词源来自拉丁文 cor，其意义为 heart。课程论专家巴特维克（J.Butterweck）在《中等学校的核心课程》（*The Core Curriculum for*

Secondary Schools）一文中曾这样写道："心脏，生命发源的地方，它是身体的一部分，但却把生命的营养传播至全身。"① 所以，从词源看，核心是中心且居于核心位置的具有生成力的那部分内容，它与体系的其他部分（边缘）形成有机的、内在的联系。

《现代汉语词典》认为，目的是想要达到的地点或境地，想要得到的结果。在英文中，目的用 aim 来表示。目标有两种含义：一是射击、攻击或寻求的对象，二是想要达到的境地或标准。在英文中，目标用 objective 表示。目的是想得到的结果，目标是想达到的标准。目的是方向，目标是标准。相对而言，目的更加抽象，目标更加具体。目的的最终实现有赖于一系列隶属的具体行为活动目标的实现。即目标是为达到目的而设定，目的的实现有赖于隶属目标的实现。

教育目的是人们对受教育的期望，期望受教育者接受教育后身心各方面产生的积极变化或结果。为了实现这个教育目的，各级各类教育均有明确的人才培养目标。职业教育的培养目标是指通过有组织、有计划、有系统的职业教育活动，使受教育者应达到的人才规格。人才培养目标规定了人才培养的标准，反映了社会对人才培养的基本定位与要求。综合来看，职业教育的培养目标是培养高素质劳动者和高技能专门人才。

从目标达成来看，职业教育人才培养目标的实现又依赖于专业建设的整体目标、教师队伍建设目标、课程体系建设目标、实训基地建设目标等下位层面的多个目标的实现。专业建设 CIPP 背景性

---

① Butterweck, Joseph, *The Core Curriculum for Secondary Schools*, Clearing House 21 (December1946), pp.195-200.

评价需要高度关注专业建设的各类目标，在评价标准中涉及相应的指标项。如，A 校学前教育专业的人才培养目标（案例 1）和学前教育专业建设整体目标（案例 2）。

案例 1　A 校学前教育专业人才培养目标

为适应国家教育改革与发展需要以及 XXX 省市学前教育市场的实际需求，本专业培养掌握学前教育的基础理论、基本知识与基本技能，具有较强的职业认同感和心理适应能力，具备学前教育活动的组织、设计、指导与管理能力，熟悉学前教育基本流程，懂得充分利用周围世界来作为学前教育课程的，有较好的教育方式方法的专业人才。学生能在学前教育专业相关的托幼机构从事教学工作、保育工作、管理工作及科研工作，或者中等职业学前教育专业从事学前理论教学和研究工作，在国际幼儿园，以及在儿童营养膳食、儿童服装设计等领域从事咨询及研发工作，在妇联、教办等职能部门从事妇女儿童维权工作的德智体全面发展的高素质技术技能型人才。

案例 1 展现了 A 校学前教育专业的人才培养目标，该培养目标紧扣高素质技术技能型人才核心目标，明确了学生必须具备的基本素养与基本能力，明晰了学生可能从事的工作领域及工作岗位。这样的人才培养目标既有宏观层面的目标定位，又有微观层面的具体操作。同时，既明确了人才培养的核心目标，又明确了人才培养的系统目标。

案例 2 A 校学前教育专业建设整体目标

瞄准国内外尤其是 XXX 省市学前教育重要问题，依托"XXX 学前教育学院"以及"XXX 学前教育发展中心"的平台，注重学前教育专业与其他社会学、文学、法学、艺术学的交叉与融合，突出学前教育专业的综合性特点；以市场需求为导向，进一步优化学前教育专业结构，加强早教与幼教的有机联合与优势互补；力争近 3 年在早教方向、华语幼儿教师方向、幼儿营养与喂哺方向上取得更大的突破；内培外引优秀带头人，完善本专业教学与科研队伍，形成优化的专业梯队；立足学院，服务 XXX，面向 XXX，力争把学前教育专业建设成为在 XXX 有地位、在 XXX 有影响、在全国有声誉的专业；争取在项目年限内完成特色专业的建设和验收。

为整体推进专业建设，A 校学前教育专业又构建了专业建设的整体目标（案例 2），该目标紧扣国内外尤其是本区域的发展背景与市场需求，设计了专业建设的发展思路。从关系来看，课程体系目标是人才培养目标的具体落实，人才培养目标所明确的培养方向与规格需要课程体系目标来落实。课程体系目标的实现又需要一定数量的课程目标来落实，课程目标是课程体系目标的微观落实。课程体系目标为专业内每门课程目标提供宏观指导，是课程设置与开发的方向和依据。课程目标是课程体系目标的具体化，是课程开展的预期结果。

案例 3 A 校学前教育专业建设的课程体系建设目标

A 校学前教育专业建设完善"宽口径、厚基础、强实践、展个性"的学前教育人才培养方案,设置由通识能力课程、专业基础能力课程、专业核心能力课程、专业综合能力课程构成的课程体系。贯彻以生为本、个性发展的理念,在通识能力课程中设置 12 个学分的选修课,在专业核心能力和专业综合能力课程中增加选修课程学分,选修课的比例达到 20% 以上。在专业核心能力课程中设置模块课程,满足学生的不同需要,实现同一专业学生多元化培养。大幅降低理论课程所占学时比重,提高实践教学环节学时比重,争取专业实践教学学时达到 25% 左右。

案例 3 展现了 A 校学前教育专业建设的课程体系建设目标,该目标清楚地界定了课程体系的构成,由通识能力课程、专业基础能力课程、专业核心能力课程、专业综合能力课程等构成,明确了课程结构比例。在一定程度上能够有效地支撑人才培养目标和专业建设目标,使得人才培养目标能够落地执行。

显然,职业院校专业建设核心目标是一个目标体系。它是指在专业建设中影响人才培养活动的诸多关键目标,既涉及人才培养目标,又包括专业建设的整体目标,还涵盖课程体系建设目标,甚至还有课程目标等。而且这些目标又需要整体化设计,以保证目标体系的一体化设计与实施。

2. 背景评价的关键尺度：目标的适应度

在制定专业建设规划和建设目标前，需要进行广泛而深入的人才需求调研，既需要全面了解区域产业行业发展方向和人才需求，对专业的优势与缺陷进行分析，又需要对社会发展、行业需求进行规整。对与专业相关的产业发展状况及人才需求状况进行了解，掌握人才需求层次、数量、规格、标准，基于产业发展情况与人才需求现状对未来人才需求进行预测，以确定专业培养规模、专业培养目标和专业培养方案，以确保人才培养目标、培养要求与区域人才需求、专业人才培养定位、课程设置之间达到充分适应与符合程度。

要制定科学、系统的专业建设规划。规划要对人才培养体系、课程体系、教学体系、实践体系、教师队伍建设、保障支撑体系等给予顶层设计与制度安排。规划设计的有效程度在很大程度上决定着专业建设能否达到预期效果。

要注意的是，职业院校专业建设与专业建设规划是两个不同的概念，但又相互关联。专业建设规划是对专业建设的整体设计与系统谋划，专业建设是对专业建设规划图景的具体实施与分步落实。从其特点看，专业建设规划具有战略性、全局性、前瞻性等特点。

从所涉及的层次看，专业建设规划是战略性、方向性的。比如，要科学地谋划专业建设如何服务区域、如何服务企业、如何服务学生、如何办出特色、如何体现优势，充分把握区域经济发展和产业发展对人才的需求，充分把握职业岗位群的需要来设定人才培养标准、质量与规划。

从所涉及的要素看，专业建设规划涉及专业建设的方方面面。如，职业院校专业建设的愿景、目的、目标、战略，专业建设的规则、程序、方案、经费等。

从所涉及的时间看，专业建设规划应该具有前瞻性。要能充分考虑现代产业发展趋势和区域社会经济发展特点，充分考虑人才培养的周期性与持续性，准确定位人才培养规格，系统设计人才培养途径、方法、手段，科学开发课程体系、教学体系与评价体系。

在本书中，基于效率与效益取向的专业建设规划必须要把握好"四核"，在专业建设目标定位体系中把握好"核心目标"，匹配专业建设目标、人才培养目标、课程体系目标与社会需求目标，确保目标具有较高的适应度；在专业建设支持保障体系中把握好"核心资源"，集中最强的人力、物力、财力，确保条件具有较强的保障度；在专业建设核心任务中把握好人才培养、课程体系建设、教师队伍建设、校企合作运行机制建设等有效度；在专业建设发展效益中把握好"核心发展"，统筹专业发展、学生发展、教师发展和辐射效应，确保专业建设成果具有较高的满意度。

在执行规划时，需要不断调整和完善规划，建立专业建设动态调整机制，在 CIPP 环的引领下，不断分析专业建设基础，进行新一轮专业建设实践，确保人才培养活动与经济社会发展、行业需求同步协调，确保所培养的人才与经济社会发展、行业需求之间有较高的适应度。

表 3-4　职业院校专业建设 CIPP 背景评价指标设计

A 级指标	B 级指标	主要观测点	指标说明
A1 核心目标 （0.20）	B1 目标定位 （40%）	C1 专业建设目标与规划执行（50%）	专业建设规划的科学性、可行性，专业建设规划执行的有效性、一致性
		C2 专业人才培养目标（50%）	培养目标和培养要求与区域人才需求、专业人才培养定位、课程设置的适应与符合程度
	B2 培养方案 （60%）	C3 培养方案各要素匹配程度（50%）	培养方案各要素匹配程度：培养目标、培养要求、专业定位、课程设置等要素之间的匹配程度
		C4 毕业生的知识、能力和素质对培养目标的支撑程度（50%）	培养方案各要素支撑程度：培养目标、培养要求、专业定位、课程设置等要素对人才培养质量的支撑程度

表 3-4 列出了职业院校专业建设 CIPP 背景评价的主要内容，背景评价主要指向于核心目标的定位，主要标准是专业建设目标和人才培养目标。目标定位包括目标定位与规划制定、人才培养方案两个二级指标，目标定位的观测点有两个：一是在专业建设规划的科学性、可行性，专业建设规划执行的有效性、一致性。二是培养目标与和培养要求与区域人才需求、专业人才培养定位、课程设置的适应与符合程度。与经济社会发展与行业需求之间的适应性，与人的发展之间的适应性。比如，案例 4 所示对 A 校学前教育专业对区域需求进行的系统分析。

案例 4　A 校学前教育专业的专业区域需求分析

国家空前重视学前教育，为本专业发展提供了难得的机遇。学前教育现状与规划之间存在着较大差距，为本专业发展留下了巨大空间。结合辖区调研及相关教育职能部门的统计数据分析，学前教育专业在数量上、质量上、类别上都有极好的发展空间。

第一，区县幼儿园教师配备普遍不足，高质量学前教育专业毕业生规模太小。2013 年，教育部按《教育部、中央编办、财政部、人力资源社会保障部关于加强幼儿园教师队伍建设的意见》（教师〔2012〕11 号）精神制定了《幼儿园教职工配备标准（暂行）》，《标准》规定幼儿园生师比不高于 7∶1—9∶1，教育部要求"自印发之日起，各地新设幼儿园教职工配备按照《标准》执行，已设幼儿园在三年内逐步达到《标准》要求"。根据 A 区域统计数据显示，全区师生比 1∶35.5。按《标准》要求推算全区幼儿教师差额是 65585 人。

第二，早教事业方兴未艾，早期教育人才奇缺。早期教育是 21 世纪幼儿教育的大趋势。国家卫生健康委数据显示，中国 0—3 岁的婴幼儿共计约 3000 万人。随着"教育从 0 岁开始"等观念日益深入人心，0—3 岁段婴儿的早期教育，是目前幼教发展和市场需求的新增长点。在全国一些大城市纷纷成立 0—3 岁婴幼儿的早期教育机构，以早教机构通行的师幼比例 1∶5 看，所需早教人员的数额庞大。目前早教市场异军突起，迫切需要高等教育的专业引领。

第三，中等职业教育学前教育专业职教师资奇缺。A 区域绝大多数中职学校基于社会对幼教师资的强烈需求设置了学前教育专业。根据我们对 A 区域相关中等职业学校的调查发现，中职学校大量缺乏学前教育专业课教师，多数中职学校由于学前教育专业课教师缺乏而无法系统开设专业核心课程。

第四，学前教育机构以外其他儿童相关产业及行业对学前专业人才的需求加大。学前专业也应为社会培养其他类型的幼教工作者。如咨询行业的儿童教育心理咨询工作者、文化产业（报刊、杂志、广播、影视、网络等媒体）的媒体从业者，生产营销行业中与婴幼儿有关的玩具、保健品、食品、服装、家具等的生产、销售人员，保险行业中与婴幼儿的健康、医疗、教育等有关的保险人员。目前这类行业中学前专业的人才人数很少。

基于案例 4 全面深入的市场需求调研分析，形成了与之配套的人才培养目标和方案、专业建设目标和方案、课程建设目标与方案等。因此，背景评价的关键标准在于目标的适应度，这种适应度表现在目标内部之间的适应度，目标与其他之间的适应度。如人才培养目标与专业建设目标、课程体系目标、课程目标、教学目标等之间的适应度，人才培养目标与经济社会发展、行业岗位需求、人的发展之间的适应度。目标体系、专业建设计划、专业培养方案要根据职业群集或者岗位群来确定，并据此做好课程体系设计、课程开发和课程实施，强化实践环节，突出能力培养，全力落实目标体系的适应度。

（二）输入评价的指标要素设计

输入评价是在背景评价的基础上，对职业院校专业建设所要达到预期目标所需的基础条件、主要资源等所作的评价。

1. 输入评价的主要指向：核心资源

职业院校专业建设是一项系统工程。专业建设需要全方位、强有力的支撑，尤其需要教师和教学资源的保障。而在专业建设实践领域中，多数专业建设活动中显现出该有的条件没有或者不够，该有的保障没有或者不够，资源被分配到不太重要或者可有可无的地方，导致专业建设的支撑力度不够大、保障资源不充裕。其原因可能在于，没有找准或者聚焦核心资源，把人力、物力、财力放在非核心资源上。对于职业院校专业建设而言，其核心支撑至少有三个内容：一是教师资源，尤其是"双师型"教师；二是教学资源；三是经费资源。

（1）教师资源。教师资源是决定职业院校专业建设水平的关键支撑。从某种程度上说，教师队伍状况直接影响到职业院校专业建设预定目标的实现程度，拥有一支结构合理、素质高、能力强、技术突出的专兼职教师队伍是专业建设活动能够实现预期目标的关键保障。目前来看，职业院校教师队伍普遍存在的问题是：一是从总量上看，专业教师数量明显不足，专业教师生师比较高。二是专业教师结构不合理，比如，职称结构不合理，高职称教师比例偏低；学历结构不合理，高学历教师比例偏低；能力结构不合理，专业带头人、骨干教师、"双师型"教师等比例偏低。三是专业教师的科研能力较强，教学与科研是"两张皮"，难以形成合力。四是专业教师来源单一，多数教师来源于高等院校毕业生，没有生产实践经验，理论教师偏多，实习指导教师不足。

职业院校专业建设所需要的师资队伍是多样化、系统性的，至少包括专业带头人、骨干教师、"双师型"教师和兼职教师等类型。第一，要重视对专业带头人的培养与打造。专业带头人是专业建设的领军人，他把握着职业院校专业发展的方向，推进着专业建设的整个进程，带领着整个教师团队朝着既定的方向努力前行。因此，专业带头人的遴选与培养至关重要。在输入评价中，要将专业带头人纳入考量。

第二，要重视对骨干教师的培养与打造。骨干教师是职业院校教师队伍起着支撑、示范和辐射作用的一支队伍。这支队伍是职业院校的中坚力量，发挥着举足轻重的作用，也是任何一所职业院校不可或缺的支撑力量。重视对骨干教师队伍的数量与质量的考核，是推动职业院校专业建设的重要举措。

第三，要重视对"双师型"教师的培养与打造。"双师型"教师是职业院校最具特色的一支队伍，直接关系到职业教育职能的实施和人才培养的质量。因此，培养一批素质高、实践操作能力强的"双师型"教师队伍是实现职业院校专业建设又好又快发展的关键。职业院校注重培养学生的专业技术与实践能力，要求教师不仅具有丰富的理论知识，还要有扎实的实践技能，并能根据行业技术发展动态与最新趋势，具备较强的课程开发与整合能力，具备较强的实践操作与活动组织能力。

第四，要重视对兼职教师队伍的评聘和培训，改进教师队伍的结构，以兼职教师队伍引导其他类型教师开展自我专业发展学习和提高。

职业院校专业建设要着力于"双师型"教师队伍与优质教师队伍的打造，着力构建"立足现有人才、培养优质人才、稳定关键人才、引进急需人才"的教师队伍发展机制，着力探索"专业带头人+创新团队"的教师培养模式，着力打造教学与科研融为一体、培训与指导常态化、团队与个人共振合力的教师发展平台。

（2）教学资源。教学资源是开展人才培养活动所必需的资源。实习实训基地是职业院校专业建设尤其强调的技能训练场所，也是凸显职业院校特色的平台。职业教育的特点决定了职业院校专业建设必须要配备相应的实训基地。实训基地是职业院校培养技术型人才的重要阵地，是开展职业技能实际训练的重要场所，是提高学生职业能力与实践动手能力的必要资源。但实训基地的建设不是一蹴而就的，需要巨大的人力、物力与财力，更需要制定科学、系统的实训基地建设规划。

实训基地涉及校内实训基地和校外实训基地建设。校内实训基地以学校为建设主体，校外实训基地以学校之外为建设主体，但这两者都必须要为学生提供相应的岗位技能训练平台，搭建起实际操作训练和技能演练场所，在真实或者仿真的环境中进行实际训练。

职业院校专业建设 CIPP 评价在输入评价环节应高度重视对教学设施与实习实训基地等核心教学资源的评价，考察其是否适应职业院校人才培养活动特点，是否适应产教结合、工学结合的需要，是否满足正常教育教学活动的需要。要整体配置与全面配备，必须要有系统的规划与建设。如，职业院校 A 学前教育专业设计了实习实训基地建设的目标，见案例 5。

案例5　A 校学前教育专业的基地建设目标及行动

借助学校的"XXX 教师教育研究中心",加强学前教育 XXX 教育研究,依托"XXX 学前教育发展中心"的平台,开展第一轮学前教育三年行动计划的经验总结研究,以及第二轮学前教育三年行动计划的主题项目研究,力争将学校的重点示范基地"学前教育实验教学示范中心"建设成为 XXX 学前教育的研究基地,依托实训中心开展资质认定工作,将基地建设成为西部学前教育资质认定中心、XXX 幼儿教师技能培训中心以及 XXX 学前教育专业研究生的实践实习基地。

……

我国职业教育长期存在着理论和实践脱节,限制了学生综合素质的提高与教学专业的可持续发展。为此,学校高标准配置 12 间教师专业实验室,着力打造教师实训平台,把"实训"概念引入到课程结构与培养模式之中。新建 100 所幼儿园作为实践基地,并追加 2 周的教育见习和 6 周的教育实习时间。建立与完善"基本功训练→专业实训→教育实习"的实践教学模式、"见习→模拟实习→责任实习"的实习体制、"感知教学→理解教学→技能统合→形成能力→提升素质"的实训机制。

(3)经费资源。为实现职业院校专业建设的系列目标,强有力、充足的经费保障是前提和基础。包括师资引进与培养、课程建设，实验室、实习基地建设等是评价的重要内容。经费保障主要考察专业经费投入生均值。

2. 输入评价的关键尺度：条件的保障度

表 3-5 列出了职业院校专业建设 CIPP 评价指标体系中输入评价的内容，输入评价主要指向于核心资源的支撑，主要标准是条件的保障度。核心资源包括教师资源、教学资源、经费资源三个二级指标，核心资源的观测点有 11 个。其中，教师资源主要考察教师队伍建设规划与执行、专业教师生师比、"双师型"教师生师比、优秀教师的比例、高学历教师比例、教师队伍年龄结构情况等 6 个观测点。教师队伍建设规划按照学科专业建设目标要求，分析专业现有教师的素质、学历、职称、年龄等因素，预测教师数量和质量需求状况，提出教师队伍建设的原则、方法、措施和途径。建设和规划的关口通常为"人才引进+人才培养"两个，内容一般包括师资队伍的数量、师资队伍的结构、师资队伍的质量、高层次人才与创新团队等四个方面。本评价指标重在考察教师队伍建设规划的科学性、可行性，教师队伍建设规划执行的有效性、一致性。

B3 教师资源考察的重心在于专业教师队伍结构是否合理优化，教师的实践教学能力与科研、教研情况。评价的导向是要建设一支结构合理、素质高、能力强、技术突出的专兼职教师队伍，这是专业建设活动能够实现预期目标的关键保障。

表 3-5 职业院校专业建设 CIPP 输入评价指标设计

A 级指标	B 级指标	主要观测点	指标说明
A2 核心资源 （0.30）	B3 教师资源 （40%）	C5 教师队伍建设规划与执行（20%）	教师队伍建设规划的科学性、可行性，教师队伍建设规划执行的有效性、一致性
		C6 专业教师生师比（20%）	专业教师指从事专业课（含专业基础课）教学工作的专任教师
		C7 "双师型" 教师生师比（20%）	参加并取得 "双师型" 教师称号的生师比
		C8 优秀教师的比例（20%）	获得各级优秀教师、骨干教师、名师、专业带头人等荣誉称号的比例
		C9 高学历教师比例（10%）	专业专任教师中具有硕士及以上学位教师所占比例
		C10 教师队伍年龄结构（10%）	老中青结合、形成梯度发展。
	B4 教学资源 （40%）	C11 现有教学实训、实验仪器设备（含软件）生均值（25%）	单价 1000 元以上的设备
		C12 近五年新增的教学实训、实验仪器设备（含软件）生均值（25%）	近五年新增单价 1000 元以上的设备
		C13 近五年校外实训、实习、实践基地数量及各基地参加学生人数、次数与专业在校生总数的比值（25%）	校外实习实践基地是指近五年有学生实习且签有协议的实习实践基地
		C14 校企合作的数量与效果情况（25%）	校企合作是指签订合作协议的企业
	B5 经费资源 （20%）	C15 专业生均经费（100%）	专业经费投入生均值

B4 教学资源有 4 个观测点：一是现有教学实训、实验仪器设备（含软件）生均值；二是近五年新增的教学实训、实验仪器设备（含软件）生均值；三是近五年校外实训、实习、实践基地数量及各基地参加学生人数、次数与专业在校生总数的比值；四是校企合作的数量与效果情况。教学资源的评价考察是多维度、全过程的，既要考虑投入配备情况，又要考虑教学资源的使用情况，更要考察教学资源的使用效果。对于投入配备情况的考察标准主要在于生均值，既考察教学资源的总量生均值，又考察教学资源的最近新增量。对于教学资源的使用情况的考察标准在于衡量近五年校外实训、实习、实践基地数量，同时衡量各基地参加学生人数、次数与专业在校生总数的比值。对于校企合作的数量与效果情况的考察标准在于衡量校企合作的数量及实际效果。

B5 经费资源只有 1 个观测点，即衡量专业生均经费投入。这些经费包括师资引进与培养，课程建设，实验室、实习基地建设等所投入的经费。

（三）过程评价的指标要素设计

1. 过程评价的主要指向：核心任务

过程评价是对职业院校专业建设核心任务尤其是人才培养模式改革、课程体系建设、教师队伍建设、校企合作工学结合运行机制建设情况的监督检查，以及不断地修正或改进专业建设过程。专业建设核心任务是完成职业院校人才培养目标实现的具体抓手，也是培养经济社会发展和行业岗位需要的应用型人才的关键工作。由于核心任务评价的内容非常丰富且相对繁杂，这里仅就核心任务中对课程体系建设评价作详细介绍：

课程体系建设是专业建设的核心任务之一。从课程体系建设的时间逻辑看，职业能力分析、课程体系建构、课程标准开发和校本教材编制四个部分是职业院校专业建设 CIPP 过程评价关注课程体系建设的关键环节。

（1）职业能力分析

职业能力分析是课程开发的第一环节，它是课程符合职业岗位要求的关键。通过职业能力分析工作，我们可以对课程体系和课程内容进行设计，最后通过课程评价检查课程目标、设计和实施是否实现了预期目的，从而判断课程设计的效果如何，并以此为依据作出改进、修正课程的决策。在实际的课程体系建设实践中，要求来自行业企业一线的实践专家召开典型工作任务分析会，形成职业能力分析报告，可以有效指导专业课程体系的构建。

（2）课程体系建构

进行课程体系建构，必须在职业能力分析基础上首先对课程建设规划和课程计划进行整体设计。课程建设规划是一个系统工程，它要对课程建设指导思想和基本原则、课程建设总体目标及要求、课程建设实施方案、课程建设的主要措施、课程建设的保障体系等进行系统规划。课程计划要对课程设置、开设顺序、课时分配、学生编制和学周安排等进行全面安排。其次要对教学模式进行设计。

课程体系是与课程有关的要素之间的配合和组织。课程体系设计包括对公共文化课、专业基础课、专业核心课和专业方向课的设计，既要对具体某一门课程目标、课程标准、课程内容、课程资源、课程管理、课程实施和课程评价等相关要素进行全面设计，也要对课程体系结构的设计，以避免课程简单相加，缺乏内在逻辑联系。

课程结构是指课程体系的组成要素、组成部分之间的配合与组织。它明确了相关专业要依据什么目标来设计实施，组织筛选什么内容来教育教学，以什么形式来组织课程等。它规定了组成课程体系内的学科门类，如基础文化课、专业基础课、专业实践课之间的关系，并明确了分科课程与综合课程、必修课与选修课等不同课型之间的关系与比例。在课程体系中，课程结构决定了整个体系的骨架。因此，课程结构的设计是非常重要的。目前，课程研究与实践领域主要有这样几种课程体系：一是"三段式"课程体系，将课程分为公共基础课、专业基础课、专业课三类，或者在这三类课程的基础上进行适当调整；二是"模块化"课程体系，由若干相互联系又彼此不同的模块组成，每个模块指向不同的课程目标和内容，若干模块形成一个完整的课程体系；三是"课程群"课程体系，在模块化课程体系的基础上演化而来的。由相关专业的多个课程群构成，如素质教育课程群、专业基础教育课程群、专业发展教育课程群等。

（3）课程标准开发

依据职业能力分析构建的新课程体系中有的课程设置可以参考国家规划教材，国家自然也有统一的专业教学标准和具体的某一门课程标准，但是职业能力分析所牵涉的与行业企业、职业岗位密切相关的很多课程需要进行校本开发，实践教学中并没有统一的课程标准参考，所以必须组织专业团队在职业教育专家的指导下开发新的核心课程标准，明确新课程的目标、性质、内容、教学方式方法等内容，为专业校本教材和数字化教学资源的开发提供依据。

（4）校本教材编制

教材是师生开展教学活动的主要材料，也是学科课程标准的具象化。课程体系中的具体课程内容主要包括学科课程标准和教材。专业核心课程标准对各门课程的目标、内容、方式、手段、评价等给予具体的规定，并对学科所涉及的范围、深度、体系等作出明确规定。学科课程标准既是教材编写的依据，也是课程实施的衡量标准。组织专业骨干教师开展校本教材编制，厘清和丰富专业教学的素材，能够提升专业教学与行业企业、职业岗位要求的契合度。

2. 过程评价的关键尺度：任务实施的有效度

表 3-6 列出了职业院校专业建设 CIPP 评价指标体系中过程评价的核心内容，过程评价主要指向于人才培养模式改革、课程体系建设、教师队伍建设、校企合作工学结合运行机制建设等专业建设核心任务实施的有效度。核心任务下设 4 个 B 级指标和人才培养模式改革、教学模式改革、评价模式改革、课程体系建构、骨干教师培养等 14 个观测点。

表 3-6　业院校专业建设 CIPP 过程评价指标设计

A 级指标	B 级指标	主要观测点	指标说明
A3 核心任务 （0.30）	B6 人才培养模式改革（20%）	C16 人才培养模式改革（40%）	关注人才培养标准、方式方法与行业企业要求，职业资格标准的适应度
		C17 教学模式改革（30%）	关注教学内容、教学方式方法、教学手段和教学策略的改革实施过程和效果
		C18 评价模式改革（30%）	教学评价和学生综合素质评价内容、方式方法、手段
	B7 课程体系建设（20%）	C19 职业能力分析（20%）	基于岗位典型工作任务、职业能力要求等进行职业能力分析，作为课程体系建构的依据
		C20 课程体系建构（20%）	在理论与实践相融合、教学内容与岗位需求相适应的注重综合素质培养的课程体系建立等方面的课程改革方案和课程发展规划及有关的成效
		C21 课程标准开发（40%）	围绕专业方向课程、核心课程进行课程标准开发并运用于课程教材开发
		C22 校本课程编制（20%）	在形成适应新兴产业、新职业、新岗位的校本课程和教材开发、应用和更新机制方面的成效
	B8 教师队伍建设（30%）	C23 专业带头人培养（15%）	关注"四类"教师队伍建设的制度建设；培养方案和年度实施计划设计与实施，培养培训工作的推进情况和有效性；教师实践教学能力提升情况
		C24 骨干教师培养（40%）	
		C25 "双师型"教师培养（35%）	
		C26 兼职教师队伍建设（10%）	

A 级指标	B 级指标	主要观测点	指标说明
A3 核心任务 （0.30）	B9 校企 合作、工学 结合运行 机制建设 （30%）	C27 校企合作机制建设（30%）	建立校企合作指导委员会，行业企业参与专业人才需求调研，人才培养方案制定，课程体系建设，教师培养培训等工作
		C28 校内外实训基地建设（50%）	校内实训基地建设情况，包括场地面积、设备设施、数量和种类配备、与专业规模和教学需要适应等情况；校外实训基地或实习场所建设情况，数量和稳定性
		C29 集团化办学（20%）	学校参与或牵头开展集团化办学的实际情况，发挥集团化办学优势，促进学校发展与改革的突出成效

B6 人才培养模式改革中，"人才培养模式改革"关注人才培养标准、方式方法与行业企业要求，职业资格标准的适应度；"教学模式改革"关注教学内容、教学方式方法、教学手段和教学策略的改革实施过程和效果；"评价模式改革"重点考察教学评价和学生综合素质评价内容、方式方法、手段。

B7 课程体系建设中，"职业能力分析"考察基于岗位典型工作任务、职业能力要求等进行职业能力分析，作为课程体系建构的依据；"课程体系建构"考察在理论与实践相融合、教学内容与岗位需求相适应的注重综合素质培养的课程体系建立等方面的课程改革方案和课程发展规划及有关的成效；"课程标准开发"考察围绕专业方向课程、核心课程进行课程标准开发并运用于课程教材开发；"校本课程编制"考察在形成适应新兴产业、新职业、新岗位的校本课程和教材开发、应用和更新机制方面的成效。

B8 教师队伍建设中，"专业带头人培养""骨干教师培养"

"'双师型'教师培养""兼职教师队伍建设"关注"四类"教师队伍建设的制度建设；培养方案和年度实施计划设计与实施，培养培训工作的推进情况和有效性；教师实践教学能力提升情况。

B9 校企合作工学结合运行机制建设中，"校企合作机制建设"考察建立校企合作指导委员会，行业企业参与专业人才需求调研，人才培养方案制定，课程体系建设，教师培养培训等工作；"校内外实训基地建设"考察校内实训基地建设情况，包括场地面积、设备设施、数量和种类配备、与专业规模和教学需要适应等情况；校外实训基地或实习场所建设情况，数量和稳定性；"集团化办学"考察学校参与或牵头开展集团化办学的实际情况，发挥集团化办学优势，促进学校发展与改革的突出成效。

（四）成果评价的指标要素设计

成果评价是对职业院校专业建设及人才培养活动实施效果、效率和效益的直接、显性的标志。

1. 成果评价的主要指向：核心发展

专业建设的最终目标是提高人才培养的质量与适应能力。前期的核心目标、核心资源、核心任务等所有环节的成效主要体现在专业办学规模、学生培养质量、教师专业成长和专业影响力方面。因此，办学规模、学生培养质量、教师专业成长和专业影响力就是衡量专业建设效果的主要表征。

办学规模是专业发展状况和水平的直接反映，办学规模适度能够提高一个专业发展的稳定度，提高专业的吸引力和人才培养质量。

学生是职业院校专业建设面向社会、面向行业、面向企业所培养的"最终产品"。学生培养质量是检验专业建设质量的核心标准。学生培养质量主要体现在毕业生的知识与技能、思想品德与体能、毕业生就业质量等指标上。

教师专业成长是专业建设 CIPP 成果评价必须高度关注的指标，教师是专业建设实践顺利推进和取得良好效果的前提条件，教师发展与专业发展相辅相成，在 CIPP 评价中关注教师技能水平和教学满意度是 CIPP 评价设计的两个核心指标。

专业影响主要通过专业获奖、专业辐射作用与专业服务社会能力等 3 个指标来表现。专业获奖包括但不限于示范专业、特色专业、重点支持专业、改革试点专业、精品课程、精品资源共享课、精品视频公开课、精品教材等。专业辐射作用是指对校内外专业提供了有价值的经验；在产教结合、校企合作中成果丰富、显著，产生了教学效益、社会效益和经济效益。专业服务社会能力是指提供的各级各类培训，如专业岗位培训、职工技能培训、农村劳动力转移培训和进城务工劳动力培训等；专业教科研成果丰富，对同类专业有较强的借鉴和骨干带头作用，推动了地区职业教育发展。

专业特色是指专业特色建设、实施过程和效果，以及与其他同类专业相比，本专业所具有的优势和特色。

2. 成果评价的关键尺度：发展的满意度

表 3-7 列出了职业院校专业建设 CIPP 成果评价指标设计与主要内容，成果评价主要指向于核心发展，主要标准是发展的满意度。该部分指标体系包括办学规模、学生培养质量、教师专业成长和专业影响力、专业特色等 5 个 B 级指标，下设办学规模、专业知

识与技能、思想品德与体能、毕业生就业情况、教师技能水平、专业获奖、辐射作用和服务地方经济等 10 个观测点。

表 3–7　职业院校专业建设 CIPP 成果评价指标设计

A 级指标	B 级指标	主要观测点	指标说明
A4 核心发展 （0.20）	B10 办学规模 （10%）	C30 办学规模 （100%）	近三年，学历教育在校生年平均人数
	B11 学生培养 质量 （50%）	C31 专业知识 与技能（40%）	专业知识测试合格率，技能等级证书或职业资格证书获证率，全国、本市以及行业或区（县）竞赛中获奖
		C32 思想品德 与体能（30%）	学生思想品德、行为规范和学习风气，无重大事故、违法、犯罪情况，操行评定合格率；体质健康测试达标率，体能良好
		C33 毕业生就 业情况（30%）	近两届专业学历教育毕业生中，平均就业率，平均专业对口率，就业后三个月稳定率，升学率适度；毕业生质量好，获用人单位很好的评价
	B12 教师专业 成长 （20%）	C34 教师技能 水平（50%）	专业教师能积极参加优质课或专业技能操作竞赛，成绩和效果好，有市级以上获奖
		C35 学生满意 度（50%）	学生对专业教师的师德、师风以及教学水平满意度
	B13 专业影响力 （20%）	C36 专业获奖 （30%）	近三年在本地区、行业或全国职教界影响，获得市级以上表彰；有很好的社会形象和声誉
		C37 辐射作用 （30%）	对校内外专业提供了有价值的经验；在产教结合、校企合作中成果丰富、显著，产生了教学效益、社会效益和经济效益
		C38 服务地方 经济（40%）	专业教科研成果丰富，对同类专业有较强的借鉴和骨干带头作用，推动了地区职业教育发展
A5 专业特色 （附加）	专业特色建设、实施过程和效果		在实践中培育和凝练出的专业特色及其效果说明

B10 办学规模中，"办学规模"考察近三年，学历教育在校生年平均人数。

B11 学生培养质量中，"专业知识与技能"考察专业知识测试合格率，技能等级证书或职业资格证书获证率，全国、本市以及行业或区（县）竞赛中获奖。"思想品德与体能"考查学生思想品德、行为规范和学习风气，无重大事故、违法、犯罪情况，操行评定合格率；体质健康测试达标率，体能良好。"毕业生就业情况"考察近两届专业学历教育毕业生中，平均就业率，平均专业对口率，就业后三个月稳定率，升学率适度；毕业生质量好，获用人单位很好的评价。

B12 教师专业成长中，"教师技能水平"关注专业教师能积极参加优质课或专业技能操作竞赛，成绩和效果好，有市级以上获奖。"学生满意度"考察学生对专业教师的师德、师风以及教学水平满意度。

B13 专业影响力中，"专业获奖"考察近三年在本地区、行业或全国职教界影响，获得市级以上表彰；有很好的社会形象和声誉。"辐射作用"考察专业为校内外专业提供了有价值的经验；在产教结合、校企合作中成果丰富、显著，产生了教学效益、社会效益和经济效益。"服务地方经济"考察专业教科研成果丰富，对同类专业有较强的借鉴和骨干带头作用，推动了地区职业教育发展。

专业特色是指所办专业的优长之处、特殊之点。即"有、优、特"。专业特色主要体现在构成要素和培养方式上，最终表现为专业造就的"产品"即大学生在社会中的适应性和核心竞争力。

本书希望立足职业院校专业建设的实际，依据 CIPP 评价模式思想对专业建设评价指标体系进行重新构建，聚焦到专业建设全过程的各个环节中的核心目标、核心资源、核心任务和核心发展，以期引导职业院校专业建设朝着正确的方向改革发展，切实提高专业建设评价的科学性和可靠性。

五、职业院校专业建设 CIPP 评价的指标建构诠释

（一）"两效"思想体现

职业院校专业建设 CIPP 评价体系是基于"两效四核"评价框架体系，其中"两效"为价值取向，"四核"为评价重心。"两效"指效率和效益。效率是基于发展的立场，是指教育资源投入与教育产出的关系。基于"效率"追求，职业院校专业建设 CIPP 评价体系在标准设计上，把输入评价设置为"核心资源"投入与专业建设实际相吻合。教师资源、教学资源、经费资源属于教育运行投入的主要成本，并在主要观测点的设计上考虑成本投入的科学性和有效性。

效益是指所取得的效果和获得的利益，它反映为一种外显的效用。本书所指的效益是职业院校专业建设及其结果与社会和个人发展的需求是否吻合以及吻合的程度如何。基于这种"效益"导向，职业院校专业建设 CIPP 评价体系把"专业办学规模""学生培养质量""教师专业成长""专业辐射力"作为成果评价的主要指标，把"人才培养质量"作为关键尺度。

"两效"思想除了在输入评价和成果评价环节指标和标准的设计上体现，还贯穿整个评价体系，尤其体现在以"四核"作为评价维度——也即是说"四核"本身也是追求效率和效益的思想。

"四核"是指核心目标、核心资源、核心任务、核心发展。职业院校专业建设 CIPP 评价体系在 B 级指标的设计和主要观测点的设计上都体现和诠释了这种思想：

一是核心目标。在背景评价内容里，专业建设目标和人才培养目标是最为核心的指标，并且培养目标与相关要素的适切度，专业建设规划的科学性、可行性，专业建设规划执行的有效性、一致性又是职业院校专业建设的核心目标，因此在评价体系中作为考核尺度，也是最适宜的。

二是核心资源。作为教育管理中的成本输入，教师资源、教学资源、经费资源是最核心的三项指标，制约着教育教学活动的运行。而作为成本预算，通常是为了体现效率思想，因此考核的更多是外显指标，所以在评价观测点的设置上，考虑的基本是有国家专业办学条件政策依据的可以量化的资源项目。

三是核心任务。在核心任务维度，指标设计基于专业建设全过程的关键环节，着眼于专业教育教学运行全过程。本书结合专业建设通用程序，设置了在人才培养目标确定以后开展人才培养模式等四大模式改革；职业能力分析、课程标准开发等课程体系建设；专业带头人、骨干教师、"双师型"教师、兼职教师等四类教师队伍建设；校企合作、工学结合运行机制建设等指标。

四是核心发展。作为成果评价版块，最能体现发展和成效的就是学生发展情况和社会评价。因此在核心发展这一维度上，设计的指标为学生培养质量、教师专业成长和专业影响力，尤其以前两项为侧重。这同时也符合专业建设 CIPP 评价体系"效益"取向。

（二）指标设计诠释

职业院校专业建设 CIPP 评价指标体系共设置了 4 个一级指标、13 个二级指标、38 个主要观测点，附加专业特色 1 个项目。主要内容包括核心目标、核心资源、核心任务、核心发展等。从维度指标可以看出，评价是综合性的、全方位的，并非单一成果评价。

1. 基于"诊断和改进"的评价理念确立维度与指标

编制职业院校专业建设 CIPP 评价指标体系的目标是为了引导和促进职业院校增强人才培养的质量意识和改进意识，主动适应和动态调整专业人才工作以符合产业、行业企业的迫切需求，并根据职业院校自身的优势努力办出专业特色。专业评价的主要任务是通过对专业建设过程及人才培养进行有效评价，不断提高专业建设水平，进而提高质量。因此，评价指标体系维度的确定和指标的筛选都基于这一目标达成，侧重于专业建设诊断和改进。

2. 基于"过程与结果"并重的逻辑设计指标体系

本书在设计职业院校专业建设 CIPP 评价指标体系时，基于 CIPP 评价模式自身重视过程的特点，兼顾职业院校专业建设的基本流程，一级指标设置为核心目标、核心资源、核心任务、核心发展和专业特色。

一级指标设计中，因为目标是起点和终点，统领和贯穿起后面的规划，很大程度上规约着专业质量，所以本书将专业建设目标和人才培养目标放在首位；核心资源和核心任务作为平行的两项指标，体现目标实施过程；核心发展是结果环节，因此放在一级指标的最后。如此，符合基本的逻辑规范和 CIPP 评价模型的框架体系。

把"专业特色"作为附加指标项目，是因为一个办出特色的专业才能在同类专业中更具有竞争力，所以，把其作为专业评价的一项指标是合理的。但因为本书设计的是专业建设评价指标体系，并非名牌专业或者特色专业，因此专业特色仅作为参考附件指标。

3. 按照管理学、教育学等学科知识规范依次分解指标，得到二级指标

任何指标都是质和量的统一，它必然具备数量性、综合性、替代性和具体性。因此，指标必须进行分解，以便操作。

在本书中，职业院校专业建设 CIPP 评价指标的分解自觉遵照了管理学、教育学的学科知识规范和逻辑进行。把专业目标项目分解为专业定位和培养目标，专业定位体现的是 CIPP 评价模型中背景输入，人才培养目标是专业人才培养质量的预设；基础条件属于专业建设的保障，其中包括师资队伍、实习实训、专业经费、制度建设基本的条件；把核心任务中的课程建设项目分解为课程设计、课程体系结构、课程资源、课程内容、课程管理、实践教学、课程评价几个方面，是按照课程的基本理论—课程建设的基本框架体系和内容。专业质量作为整个评价指标体系中对结果的评价，其衡量

对象包括学生的培养质量、学生和社会的满意度以及专业服务社会的能力。

4. 立于"有效性"和操作便捷性，设置观测点

评价指标体系作为一种工具，最终是要用于测量评价对象。为力求评价结果的客观、公正和全面，需要考虑指标观测点的有效性。从工具属性层面，需要考虑评价的操作性，因此确立指标的观测点非常重要。其中，"目标定位"层面，设计两个主要观测点：一是专业建设目标与规划执行，重点考察专业建设规划的科学性、可行性，专业建设规划执行的有效性、一致性；二是专业人才培养目标，主要考察培养目标、培养要求与区域人才需求、专业人才培养定位、课程设置的适应与符合程度。而培养方案的着力观测点放在培养目标、培养要求、专业定位、课程设置等要素之间的匹配程度；毕业生的知识、能力和素质对培养目标的支撑程度上。

教师资源指标观测点放在教师队伍建设规划与执行中，具体等级评定依据教师队伍建设规划的科学性、可行性，教师队伍建设规划执行的有效性、一致性；专业教师生师比考察从事专业课（含专业基础课）教学工作的专任教师与学生的比例；"双师型"教师的师生比考察"双师型"教师与学生的比例；骨干教师、专业带头人等优秀教师的比例考察骨干教师、学科专业带头人等教师占全部专业教师的比例；高学历教师比例考察专业专任教师中具有硕士及以上学位教师所占比例；教师队伍年龄结构则主要关注教师队伍老中青配备比。

教学资源指标观测点放在现有教学实训、实验仪器设备（含软件）生均值，着重计算单价 1000 元以上的设备；近五年新增的

教学实训、实验仪器设备（含软件）生均值，着重计算近五年新增单价 1000 元以上的设备；近五年校外实训、实习、实践基地数量及各基地参加学生人数、次数与专业在校生总数的比值（校外实习实践基地是指近五年有学生实习且签有协议的实习实践基地）；校企合作的数量与效果情况主要考察与学校签署合作协议的企业单位，效果主要考察学生和单位双方的反馈。

经费资源指标观测点放在专业经费投入生均值上，是指专业经费投入平均到每个学生个体上的数额。需要注意的是，评价时的数值不仅是静态的，还应有趋势动态数值。

（三）指标权重确定

1. 采用相对比较法确定一级指标的权重

本书采用相对比较法来确定一级评价指标的权重。通过两两比较，最后确定在专业建设评价中，核心资源和核心任务的二级指标和观测点远多于核心目标和核心发展，而核心目标和核心发展作为输入和输出，价值均等，同样地，核心资源与核心课程作为专业建设的过程，价值几乎均等。因此，经过专家评议，确定一级指标核心目标、核心资源、核心任务、核心发展的权重分别为 0.20、0.30、0.30、0.20。

2. 采取层次分析法与特尔斐法确定二三级指标权重

专家咨询法（又称为德尔菲法），要组织相关领域而且经验丰富的专家，采用一定的方式发表对指标权重的看法与见解，并用统计的方法对专家给出的权重估计值的平均估计，计算估计和平均估计之间的偏差，如果偏差较大，则需要专家重新估计。反复进行估计，直至偏差满足一定要求，得到修正值。层次分析法采用专家打分法对影响因素进行比较，并将定量分析和定性分析相结合，通过计算各影响因素的权重系数寻求影响专业发展的主要关键因素。职业院校专业建设 CIPP 评价指标体系中二级指标、三级指标主要通过层次分析法与特尔斐法来确定。

3. 体现职业院校专业发展属性的二三级指标赋权

核心目标下位的二级指标"目标定位"和"培养方案"权重划分分别为 40% 和 60%。这是基于目标定位只是对目标的界定和描述，目标的实现要仰赖培养方案。因此确定权重时，向培养方案进行了较大赋权。

核心资源下位的二级指标权重划分情况为：教师资源 40%、教学资源 40%、经费资源 20%。把教师资源和教学资源等值赋权，体现了职业院校专业建设对教学条件尤其实习实训等应用性特点的倾斜和倚重。此外，教师资源和教学资源的权重分别超出经费资源的一倍，体现了评价主体重视专业环节的思想。

核心任务下位的二级指标包括 4 项，其赋权情况分别是：人才培养模式改革 20%、课程体系建设 20%、教师队伍建设 30%、校企合作工学结合运行机制建设 30%。其中，教师队伍建设和校企合作运行机制建设占比为 30%，高于其他指标，体现了重视职业教育特点。

核心发展下位的二级指标的权重划分为：办学规模 10%、学生培养质量 50%、教师专业成长 20%、专业影响力 20%。学生培养质量赋权较高，体现了重视人才培养质量、尊重学生主体、重视社会/企业的专业建设思想。

职业院校专业建设 CIPP 评价指标体系主要观测点的指标赋权情况体现了设计者职业性、可持续发展的专业理念倾向。如在教师资源这一项目下面的指标中"'双师型'教师的师生比"占 20%，赋权超过其他各项指标，体现了重视职业性和应用性的思想；专业影响项目中"专业获奖"占 30%是指标体系设计可持续发展的理念。

第四章　职业院校专业建设 CIPP 评价的
全息性模式建构

专业建设是职业院校内涵建设的核心和经济社会、产业行业、企业人才需求的对接点。如何通过职业院校专业建设评价来引领、指导职业院校专业改革发展，优化专业设置和结构，拓宽专业集群，活化专业方向，增加培养人才的类型，增强培养人才的适应性，使专业设置和建设主动适应产业结构调整升级的需要，是现代职业教育体系建设的关键所在。基于"两效四核"职业院校专业建设 CIPP 评价指标体系建构的基本内容和原则，如何建构更加有效、高效、科学合理实操评价指标体系的外部装置，成为本书从知识领域过渡到工作领域，从理论研究转化为操作实践的关键环节。基于此，本书提出职业院校专业建设 CIPP 全息性评价并进行了系统设计和建构。

一、职业院校专业建设 CIPP 评价的全息性要旨

全息（Holography）（来自拉丁词汇，whole+drawing 的复合），特指一种技术，可以让从物体发射的衍射光能够被重现，其位置和大小同之前一模一样。全息最早运用于摄影当中，全息影像技术（Holographic Display）并非由 1956 年丹尼斯·加博尔发明的全息摄影（Holography）或称全像摄影，而是一种在三维空间中投射三维立体影像的次世代显示技术。后期，全息更多地运用于投影和影像技术中。职业院校专业建设 CIPP 评价的"全息性"，指职业院校专业建设引入 CIPP 评价模式，做到评价的全过程、全方位、全要素关注，按照"两效四核"评价指标体系开展评价实践工作，做到从"专业建设目标确定到专业建设实践和成果形成"纵向和"区域或学校不同专业之间"横向的高度结合，关注专业建设的历史、专业建设资源的投入、专业建设过程和成果等内容，关注专业建设从设置的历史背景分析，问题梳理，到目标制定，经费、设备设施等建设资源的持续不断输入，再到专业建设成果形成，品牌效益不断凸显的全过程。

（一）充分尊重专业建设背景因素

近年来，随着《国家职业教育改革实施方案》《关于实施中国特色高水平高职学校和专业建设计划的意见》《关于深化现代职业教育体系建设改革的意见》等重要政策的不断推进与贯彻落实，职业院校办学坚持以立德树人为根本，以服务为宗旨，积极主动根

据产业及区域经济发展需要开展办学模式改革，办学效益不断凸显。专业院校每年新增、试办的专业门类不断增多，办学规模迅速扩大。

但是总体上看，个别职业院校的专业布局、专业定位，课程体系建设、教师队伍总体情况、校内外实习实训基地建设、内部质量保障体系构建等方面还不能很好地适应现代职业教育体系建设的具体要求，难以达到经济社会快速发展、产业转型升级对高素质劳动者和技能型人才培养的实际要求。具体表现为专业定位不明确，专业特色不突出，同质化、重复性建设严重，教师队伍数量不够、结构不合理，尤其是专业教师整体数量和质量有待提高，"双师型"教师队伍建设有待加强；校内实训基地建设滞后，实训设备设施不能满足现实生产的要求，特别是内部质量保障体系建设欠缺，行业企业参与专业建设、人才培养的全过程不充分，与职业能力标准相适应的评价体系还未建立。

开展职业院校专业建设全息性 CIPP 评价工作，必须正视区域和每个具体专业当初设置和改革发展的历史背景，充分尊重专业建设现状、问题产生的背景因素，把背景分析作为共同开展评价目标设定、评价方案设计、评价手段选取的重要条件和依据。

（二）深度融入专业建设整个过程

职业院校专业建设评价是由第三方专业评价机构在与受评对象进行价值协商一致的基础上，依据职业院校专业建设的基本目标、主要任务，按照一定的操作程序，运用信息化的评价技术和手段，组织并实施对专业从设置到发展建设、再到形成品牌等各项专业建设内容进行数据采集、统计分析，判断其价值和实际效果的一种活动。职业院校要充分吸收 CIPP 评价模式开展专业建设评价实践活动，需要遵循 CIPP 评价模型的基本原则，按照全程性、过程性和反馈性的具体要求，在背景评价（Context Evaluation）、输入评价（Input Evaluation）、过程评价（Process Evaluation）、成果评价（Product Evaluation）四项评价活动中，与专业建设实践者一起确定专业建设的目标、计划，参与专业建设全过程监控，进行过程性评价和终结性评价，并共同分析目标的达成情况，作出即时反馈，帮助专业建设实践者调整和设定下一轮目标的决策。这种活动体现了分析专业人才培养目标与定位，关注专业建设中教师、经费、实习实训、校企合作等过程建设内容，检验人才培养质量等实际成效等涵盖背景、输入、过程和成果的全过程。

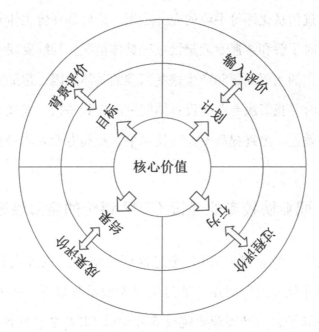

图 4-1　CIPP 评价模型

（三）高度关注即时反馈重要意义

CIPP 评价模式明确提出了成果评价既可以在专业建设工作完成以后进行，也可以在专业建设过程中进行。也就是说，CIPP 评价模式不仅希望在一轮专业建设工作结束以后进行成果评价，使其反馈意义更多地作用于后续的专业建设工作，同样也希望在专业建设过程中进行成果评价，以使其反馈意义更多地作用于正在实施着的专业建设活动。

实践表明，专业建设过程中的成果评价一方面将再次为改善和促进专业建设进程提供更多有益的依据和动力，另一方面将有助于充分挖掘专业建设的潜能和强化专业建设效果。新设计的职业院校专业建设 CIPP 评价模式的一个重要特点就是高度关注评价的即时反馈，通过信息化评价手段的充分运用，让外部评价主体和内部评价主体实时了解和掌握专业建设过程具体情况，持续发现专业建设过程中存在的主要问题和产生这些问题的具体原因，帮助专业建设实践者及时寻找解决专业建设具体问题的有效举措，实现专业建设的效率和效益，最终提高专业建设水平，提高专业人才培养质量。

二、职业院校专业建设 CIPP 评价的全息性理念

职业院校专业建设 CIPP 全息性评价坚持"以评促建、以评促改，以评促发展"思维，通过基于大数据背景下，引入信息化评价手段和平台，开展职业院校专业建设 CIPP 全息性评价实践，认定专业建设成果，分析专业建设存在的突出问题，找准专业建

设的有效措施，构建专业建设评价制度，进而引导并提升中等职业学校专业建设水平，增强学校可持续发展能力和核心竞争力。它突破了以往单一性、粗放式、传统型评价专业的局限，包含四个理念：

（一）诊断评价与过程评价相结合

职业院校专业建设 CIPP 全息性评价的第一个重要理念是诊断专业建设存在的问题和指导专业建设相结合。全息性评价模式要求参与评价的主体在大数据背景下，审视专业建设的历史，分析专业改革发展过程中存在的主要问题，找出造成这些问题的主要原因，为现代职教体系要求下开展专业建设、确定专业建设目标与定位提供指导。这要求评价实施者既要对参与评价的专业是否达到建设标准进行诊断性评价，又要帮助职业院校找出专业建设过程中的薄弱环节和存在的问题，提出整改方向和具体举措，提高区域和一个学校的专业建设效果。

（二）定性评价与定量评价相结合

职业院校专业建设 CIPP 全息性评价的第二个重要理念是建立专业建设信息化平台，采集区域或一个学校有关专业建设的数据，形成专业建设大数据库，在此基础上，利用 KPI 等分析系统，进行专业建设定量评价，从而，结合评价主体实施的现场定性评价的情况，开展专业建设分析性、综合性评价工作。这要求评价实施者既要采集分析专业建设基础数据，反映建设过程情况实际，又要采用质性评价方法，评判专业和改革发展的潜力；与学校、专业甚至教师一起，通过定性指标定量化和价值协商等方式，实现专业建设科学发展的途径。

（三）静态评价与动态评价相结合

职业院校专业建设 CIPP 全息性评价的第三个重要理念是将静态的一轮专业建设评价和动态的 N 轮专业建设评价相结合，形成"1+N"周期循环评价，即完成第一轮 CIPP 评价工作以后，关注目标达成情况，如达成，就进入第二轮 CIPP 评价阶段，设定专业建设更高目标；如未达到预设目标，则继续新一轮 CIPP 评价工作，调整先前共同设定的专业建设目标，开展补救工作，直到到达预设目标进入第二轮专业建设阶段。这要求评价实施者既要考察专业历史背景与现实情状，总结专业办学基本水平和主要成果，又要考察专业进步的态势和发展前景，结合产业结构转型升级的具体方向，提出专业建设的重点和主要任务。

（四）外部评价与内部评价相结合

职业院校专业建设 CIPP 全息性评价的第四个重要理念是自我评价和专家评价相结合。强化自我评价的意识，要求受评专业进行专业建设问题分析和诊断，进行自我评判和整改，通过专家评价辅助，逐步建立专业内部质量保障体系。这要求评价实施者既要注重外部专家评价的公正性、科学性，又要强化学校自我评价和诊断的针对性、实效性，通过内外评价结合的策略，促进专业建设内涵发展。

三、职业院校专业建设 CIPP 评价的全息性策略

完成职业院校专业建设 CIPP 全息性评价模式的建构，需按照"两效四核"专业建设 CIPP 评价的原理、理念和要素，开展专业建设调研，摸清区域或校内专业建设的现状，制定专业建设指导意见等制度文件，做好专业建设保障体系建设等一系列工作。这些工作之间不是孤立封闭的，而是具有内在逻辑联系的系统工程。这个系统工程既体现了建设一个专业的内部完整过程，也突出体现了作为职业教育的举办者和管理者，对区域职业教育或学校专业建设评价的基本思想和思路。

（一）完善评价工作机制

1. 开展专业建设调查研究

围绕区域经济社会发展、专业建设目标和任务，以职业院校专业建设与产业发展适应性为切入点，通过召开行业企业和教育行政部门、职业院校调研会，开展实证调研，引入数据采集和分析系统，在教育行政部门和职业院校的合作下，统计分析专业开设率、区域专业数量、学生规模、师生比、兼职教师数、实训指导教师数、教学及实训设施设备总价值等相关数据，重点研究职业院校专业建设情况、产业发展及对职业院校人才培养的需求情况、职业院校专业建设与产业发展适应性情况等问题，摸清专业建设的背景和现状，为进一步加强专业建设、确定专业建设具体目标、提升专业人才培养的针对性和适应性提供依据。

2. 构建专业建设制度体系

一是制定并下发关于加强职业院校专业建设的意见等纲领性文件，明确专业建设的重要性和紧迫性，加强专业建设的基本原则和总体目标，加快专业建设的主要内容，为专业建设工作的有序推进提供指导。

二是制定专业布局调整规划和专业建设中长期规划，教育主管部门会同有关部门根据经济社会发展需求，结合产业布局结构调整，对区域职业教育的专业布局进行统筹，制定专业布局结构调整规划，进行专业结构调整，形成学校专业各有侧重、错位发展的局面。

三是结合教育部专业管理办法制定专业设置管理实施细则，规定专业设置的原则、设置管理程序、设置的基本条件、设置程序以及检查评价等事项，教育行政部门或职业院校要严把专业准入关。

四是完善专业教育教学制度，制定"职业院校教学管理规程"、教学文件管理、教师队伍建设、校内外实习实训基地建设等制度，为职业院校专业建设和管理提供保障；职业院校按照教育行政部门所制定的专业教育教学制度文件，开展专业建设保障条件建设，落实和整合专业改革发展的各种资源。①

3. 建立专业建设评价机制

一是建立"管办评"分离机制。由第三方专业评价机构按照基于"两效四核"的职业院校专业建设 CIPP 全息性评价的基本要

① 沈军、朱德全：《中等职业学校专业建设评估体系研究》，《中国职业技术教育》2016 年第 6 期。

求，负责分类研制专业建设评价指标体系，制定专业建设评价手册，明确专业建设评价的方法与路径，为专业建设评价实践提供依据，以避免管办不分、办评不清、既当"运动员"又是"裁判员"的问题。二是构建诊断与改进工作机制。围绕职业院校专业建设具体工作，建立和完善教育行政部门统筹安排、学校主管部门监督改进、专家团队引领诊断、职业院校自我诊断的诊断与改进工作机制。

4. 设立专业建设评价专项经费

教育行政部门和行业主管部门应设立专业建设与评价专项经费，加强对所辖职业院校专业建设的支持，引导区域专业错位建设和发展；职业院校应根据教育行政管理部门的具体文件要求，设立专业建设评价的工作经费，保障 CIPP 评价数据采集信息系统和管理平台的开发，推进专业建设评价工作的顺利开展。教育行政管理部门和行业主管部门、职业院校应对专业建设评价认定的品牌、骨干专业，予以激励，重点支持其内涵发展，形成专业建设和改革发展的良性运行机制。

5. 搭建数据采集与管理信息平台

专业建设数据采集、管理和分析平台建设是新评价模式与传统评价模式最为显著的区别所在。职业院校专业建设 CIPP 全息性评价模式依赖专业建设大数据，依托信息化评价手段的高效运用。根据大数据平台设计的构想，教育行政部门牵头，职业院校积极参与，按照学校、区县、市三级构架，建立职业院校专业建设工作状态数据采集与管理平台，为诊断与改进工作提供数据支持，为学校自我诊断、自我改进、自我提高提供数据依据，为学校管理部门提供数据服务，为教育行政部门科学决策提供数据支撑。

（二）周延评价内容体系

突破以往单一性专业建设 CIPP 评价内容组合，按照基于"两效四核"的职业院校专业建设 CIPP 全息性评价的理念，在"两效四核"专业建设 CIPP 评价指标体系的基础上，系统设计"专业逐级评价体系"，形成从专业设置到专业发展再到专业成熟期的"金字塔形"专业评价体系，在专业建设的三个阶段注重评价内容和评价要素的相互侧重。这既可以让办专业者看到自身专业发展所达到的不同阶段，也可以在区域或校内形成专业竞争发展、优质发展的机制。

（三）优化评价操作体系

专业建设评价采取"逐级评价"操作模式，运用 CIPP 评价指标体系，设置新增和试办的专业在有一届毕业生时可申请接受专业设置合格评价；合格专业定期纳入发展型专业评价范围；发展型专业在建设两年的基础上可以纳入成熟型品牌专业的评价对象，做到纵向的全息性。

专业建设评价改变以往注重材料评审和单一依靠专家评价的方式，分类形成专业评价专家手册和学校工作手册，制定评价指标体系的指标操作说明。评价时更加关注共同拟定的专业建设目标，专家通过专业建设数据采集平台信息进行预审诊断，寻找"奇异点"，同时，注重建设过程全程性评价，淡化资料准备，编制数据采集表，突出数据收集，将评价指标中定性评价内容采取"李克特"五级评价量表的形式实现定量化评价，以此实现精确评价与模糊评价相结合、等级评价与分数评价相结合，以兼顾大规模专业建设评价的效率和效益。[①]

四、职业院校专业建设 CIPP 评价的全息性模式

（一）全息性评价模式的基本内涵

基于"两效四核"职业院校专业建设 CIPP 全息性评价模式构建策略，引入 CIPP 评价模型关键要素，在充分吸收职业院校专业建设评价指标内容操作要求的基础上，设计职业院校专业建设 CIPP 全息性评价模式。该评价模式基于效率、效益和核心目标、内容等要义，覆盖背景评价、输入评价、过程评价和成果评价四个阶段，具体内容见图 4-2。

该模式在背景评价阶段，按照评价主体多元的原则，厘清了评价实施的主体，按照 CIPP 评价基本要求，系统梳理了评价准备需要完成的相关工作，系统开发专业建设状态数据采集和管理平台；在输入评价阶段，充分了解受评对象的基本情况，设计评价体系，结合专业建设具体目标，共同确定评价目标，制定评价指标体系，编制评价手册和相关工具，通过培训工作促进施评者和被评者之间相互了解专业建设全过程的现实情况，并在大数据背景下，充分运

[①]　沈军、朱德全：《中等职业学校专业建设评估体系研究》，《中国职业技术教育》2016 年第 6 期。

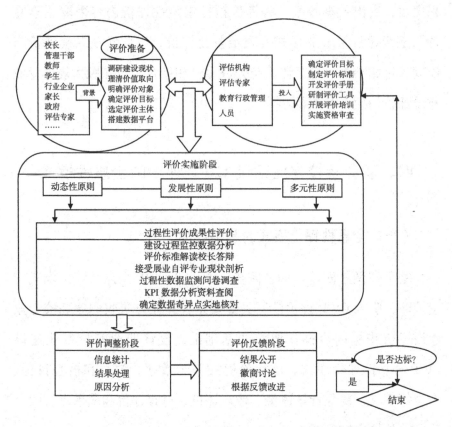

4-2 基于"两效四核"的职业院校专业建设 CIPP 全息性评价模式

用现代化信息手段，依托专业建设数据采集平台，完成资格审查；
在过程评价阶段，按照动态性、发展性和多元性原则，评价主体采
取高效的评价手段，充分运用评价量表和数据分析系统，开展专
业建设过程数据的审核、分析和评价，找出奇异点，为现场评价
提供有的放矢的依据，为成果评价提供基础，为专业建设过程提
供"预警信号"；在成果评价阶段，主要完成成果评价阶段需要
完成的评价工作，与受评对象一起分析专业建设存在的主要问
题，专业建设的内在诉求，向受评对象反馈具体评价结果，实践

专家与专业建设者共同审视专业建设目标达成情况，如达到，"两效四核" CIPP 评价工作进入下一个更高目标确定阶段，如未达到，要求限期整改并再次进行一轮同水平的"两效四核" CIPP 全息性评价。

表 4-1　基于"两效四核"的职业院校专业建设 CIPP
全息性评价模式内涵

评价阶段	内涵解读
C：背景评价	通过大规模文献研究和实证研究，摸清区域、学校专业建设基本情况，梳理专业建设历史，找准专业建设存在的具体问题和行业企业人才需求变化，评价双方共同分析专业改革和发展的内、外环境，共同拟定专业建设和管理文件，开展专业建设质量保障机制建设
I：输入评价	充分了解受评对象的基本情况，设计评价体系，结合专业建设具体目标，评价双方共同确定评价目标，制定评价指标体系，编制评价手册和相关工具，通过培训工作促进施评者和被评者之间相互了解专业建设全过程的现实情况，并在大数据背景下，充分运用现代化信息手段，依托专业建设数据采集平台，完成专业建设状态数据录入和审查
P：过程评价	按照动态性、发展性和多元性原则，评价主体基于数据采集和管理信息系统，充分运用评价量表和 KPI 数据分析系统，实时开展专业建设全过程数据的审核、分析和评价，通过链接分析找出奇异点，持续反馈专业建设过程中发现的问题，提出改进建议，为专家现场评价提供有的放矢的依据，为成果评价提供基础，为专业建设过程提供"预警信号"
P：成果评价	终结性评价阶段，利用专业建设大数据，与受评对象一起分析专业建设存在的主要问题，专业建设的内在诉求，向受评对象反馈具体评价结果，实践专家与专业建设者共同审视专业建设目标达成情况，如达到，"两效四核" CIPP 评价工作进入下一个更高目标确定阶段，如未达到，要求限期整改并再次进行一轮同水平的"两效四核" CIPP 全息性评价

（二）全息性评价模式的操作特点

1. 多元化评价主体

职业院校专业建设 CIPP 评价模型规避以往单一依靠专家作为评价主体的弊端，采取评价主体多元化，引入学校内部评价主体和外部评价主体，不仅能保障专业建设评价的真实、评价结果的有效，更能提高评价的效率。

（1）学校内部评价主体，既包括专业设置和举办者，也包括专业建设实施者和受益者，主要包括学校校长、中层管理干部、教师和学生。学校内部评价主体是专业建设 CIPP 评价中的主力军，他们是职业院校专业建设的直接参与者和受益者，对专业建设的好坏优劣体验最为深刻，在 CIPP 评价过程中最具发言权和评价权，内部评价主体的深度参与能反过来促进专业建设实践者展开专业建设实践分析，进一步提高专业建设的效益。

（2）学校外部评价主体，既包括学校专业建设的行政管理者，又包括专业培养出来的人才的使用者，主要涉及教育行政部门管理人员、社区、行业企业管理人员、家长和评价专家等。学校外部评价主体是职业院校专业建设的利益相关者，外部评价主体利用大数据、信息化数据采集和管理平台等信息化手段，从外部角度客观评价专业建设的目标设计、设备配置、教师队伍建设以及教育教学水平与效果等内容，依次与专业建设举办者共同讨论和协商专业建设的价值、理念和策略，共同推进专业建设的水平提升，满足专业技术技能人才培养的需求。

2. 全程性评价原则

职业院校专业建设 CIPP 全息性评价坚持诊断与指导相结合、定量与定性评价相结合、静态与动态评价相结合、自评与专家评价相结合等专业建设评价基本理念，依托动态性、发展性和综合性评价，体现评价的全程性原则。

（1）动态性评价。注重职业院校专业建设的动态性评价，通过状态数据实时监测，重视专业建设过程中表现出来的教师队伍、实习实训、信息资源和专业经费投入等基础条件，专业教学过程中涉及的专业人才培养方案、教学文件、课程设置、教材建设和教学管理，不断发展变化的专业技能水平、毕业生质量以及社会服务能力等，同时加强专业建设不断聚焦和水平提升。

（2）发展性评价。职业院校专业建设 CIPP 全息性评价整体接纳了发展性评价的思维，在专业设置合格评价阶段淡化评价的选优功能，强调专业建设的过程、进步和发展。通过采取发展性评价的原则，帮助学校诊断专业设置、定位的准确性，专业与行业企业需求、产业转型升级的契合性，专业建设过程中存在的薄弱环节和误区，通过引导内部评价主体不断评价、反思专业建设环节，摸清自我家底，通过外部评价主体的帮助，诊断并提出专业建设改进的思路、方法和措施，甚至帮助学校扭转专业设置方向和进行专业布局结构调整。

（3）综合性评价。如前所述，职业院校专业建设 CIPP 评价模式从一开始就追求评价主体的多元性，实行内部评价主体和外部评价主体有机配合，真实、客观开展专业建设评价工作；同时，基于"两效四核"的职业院校专业建设 CIPP 全息性评价模式不仅追求和实现评价主体多元，还更进一层地采取评价内容多元、评价方式方法多元和评价手段多元，以此实施全方位的综合性评价。

第一，在评价内容上，不仅注重对专业设置定位和专业建设目标的研判，还关注职业院校专业教师队伍、实习实训、信息资源、经费投入、专业教学、课程建设、教学管理等专业建设的主要内容；不仅在单一专业建设 CIPP 评价中关注专业建设的主要内容和环节，而且还创新性地形成"专业逐级申报体系"，通过设计专业设置、发展型专业评价和成熟型专业评价等评价体系，使职业院校专业建设 CIPP 评价的内容在专业建设的不同阶段和水平上有所差异，更具特征，内容更加多元和有针对性，体现专业建设的效益。

第二，在评价方式方法上，突破专家现场评价通过听取汇报、查阅专业建设原始资料文档、实地查看专业设施设备、进行咨询、询问和相关人员访谈等方式方法，突破性地引入基于大数据背景下的专业建设数据采集和管理平台、KPI 数据生成和分析系统、现场问卷调查、李克特五级量表和数据对比分析等手段，使以往定性评价内容不宜评判转变为定性指标定量化评价，使质性评价的准确性更高，从而将模糊评价与精确评价相结合、定量评价与定性评价相结合，实现评价方式的多元化。

第三，在评价手段上，传统评价模式主要采取信息填报、自评加专家现场评价方式进行，突出自评与他评的有机结合。职业院校专业建设 CIPP 评价模型则引入评价量表，在依托传统评价手段的基础上，引入数据比对分析和问卷调查等评价手段，更加多元化和科学化。

3. 系统性评价内容

职业院校专业建设评价覆盖职业院校从设置一个新专业、确定专业目标定位和规划方案到进行基础条件建设，继而达到成熟的专业建设标准，再通过建设向品牌专业建设标准努力；整个评价过程配合 CIPP 评价模型从专业建设行业企业人才需求调研到人才培养目标和培养规格、人才培养方案的确定，再到课程体系建设、校内外实习实训条件建设、校企合作工学结合运行机制建设过程的把控，最后通过职业院校专业建设终结性评价验收，体现了评价的效率和效益。

职业院校专业建设"两效四核"评价根据社会发展对职业院校人才培养的实际需求，以核心目标培养为导向，突破核心资源的制约与束缚，强化核心课程建设，将建设内容指向相同能力需要的课程或课程群集整合在一起，促进学生核心能力的培养，有效实现学生的核心发展。对于专业建设而言，"两效四核"评价思想非常明确地指出专业建设以人才培养核心目标为龙头，以教学基础设施建设为基础，以师资队伍建设为支撑，以课程建设为重心，以实践教学体系建设为关键，以学生核心能力的发展为归宿。职业院校专业建设 CIPP 全息性评价坚持系统性地评价专业建设的全过程内容，通过评价实践，构建专业建设评价体系，引领专业建设活动，进而引导并提升职业院校专业建设水平。

4. 多样化评价方式

职业院校专业建设 CIPP 评价模型所采用的评价方式主要有数据分析、问卷调查、深度访谈、座谈、文献研究、现场观察、个案研究等多种评价方式。在不同类型的专业建设评价和同一类型评价的不同环节上采取以一种评价方式为主，其他评价方式为辅，多种评价方式相互配合进行的策略。

表 4-2　职业院校示范专业评价方法

评价方法	背景评价	输入评价	过程评价	成果评价	影响评价	可持续评价	可推广性评价
调查法	X		X	X	X	X	
文献法	X	X					
政策法	X	X	X	X	X	X	X
头脑风暴	X	X					
德尔菲法	X	X					
原始文件			X	X	X	X	
个案访谈			X	X	X	X	
焦点团体法	X	X	X	X			
目标游离							X
评价报告	X	X	X	X	X	X	X

（1）评价准备阶段

通过文献研究，弄清职业院校专业、专业建设的内涵，专业建设的背景与现状，近十年来关于职业院校专业建设的理论研究情况，通过文献调研全面了解职业院校专业设置、教师队伍建设、实训基地建设、课程改革与教材创新，以及专业建设评价的现状，分析存在的主要问题，枚举相关对策和建议；通过采取召开座谈会、结构与非结构访谈、实地查看、问卷调查等调查方式进行实证研究，对产业主管部门和区县教育主管部门主要采取召开座谈会的方式，以期准确了解产业发展和职业院校专业建设现状，分析支柱产业和战略新兴产业的人才需求和职业院校专业产业适应性情况；对目标企业主要采用结构与非结构访谈相结合的方式展开，而对职业院校主要采取了学校领导访谈、师生问卷等调查形式。在深入分析全市产业结构情况、未来发展趋势的基础上，调查了解产业发展对职业教育新需求和中等职业学校专业建设的现状，为增强职业教育服务产业发展的能力，制定加强职业教育专业建设文件、专业建设规划、专业建设评价指标体系等提供依据。

（2）评价实施阶段

职业院校充分运用数据采集和管理平台，对照专业建设评价指标体系进行自评，进行数据分析，形成专业建设数据分析报告，填写自评表并形成自评报告，上报教育评价组织机构。教育评价机构对照职业院校专业建设评价指标体系，在与评价对象充分交流的基础上，制定评价目标，研制专业基础状态数据采集工具，要求职业院校限时填报基础数据，评价人员对基础数据进行对比分析，找出奇异点，配合完成申报专业的资格审核。教育行政部门和专业评价机构配合评价专家在背景评价环节采取通过答辩质询、现场核查、问卷调查、深度访谈、查阅原始材料、课堂观测（随机听、说、评课）、师生座谈会等听、查、看、问、访的评价方式，系统、全面地了解和分析受评专业的专业设置与定位、专业规划与规模、专业基础条件、专业规范管理情况、专业培养模式和课程体系等改革情况以及专业建设质量与效益。在输入评价环节，评价专家重点考核评价指标体系中要求的专业建设基本条件的达成情况，对专业建设过程中的人员、资源和经费使用的合理性、效率进行数据分析和评判，对专业建设实践者和师生素质进行全面考察，重点通过问卷调查，充分发挥专业教师、学生评价主体的作用，全面了解师生对本专业相关评价指标达成度的评价。

（3）评价分析阶段

评价专家组成员采取信息统计方式，根据各自分工和评价内容系统梳理自己的评价意见，填写专家评价表；采取 SPSS 软件和 KPI 分析系统对师生问卷调查和评价量表内容进行统计分析，形成师生评价主体的定量评价结论，并通过权重计算公式进行折算；采取头脑风暴方式进行民主评议，形成评价结果和评价反馈意见和建议。

（4）评价反馈阶段

评价专家组组长、副组长与学校核心管理团队，通过价值协商的方式进行小反馈，直接明确地反馈专业建设存在的主要问题，进行专业建设主要问题具体原因分析，提出专业建设具体改进建议，了解专业建设实践者的具体诉求，征得专业建设核心管理人员的认可；专家组通过研讨交流方式与专业建设所有人员进行交流，反馈专业建设过程中存在的问题和建议。最后，通过召开由教育管理部门共同参加的大反馈会的方式，反馈专家评价的最终结论意见。

5. 严密性评价程序

职业院校专业建设评价的程序包括"数据填报、数据分析、学校自评、专家现场评价、结果反馈"五个程序，在专家现场评价环节，专家组进行分工，采取数据预审、答辩质询、现场核查、问卷调查、深度访谈、查阅原始资料、课堂观测、师生座谈等程序推进评价。具体评价程序包括：

（1）专业评价机构通过教育行政部门或职业院校立项专业建设评价，设立专项评价经费保障工作的顺利开展，评价机构通过教育行政部门或职业院校发布评价通知、方案和评价指标体系，在此基础上，评价机构在教育行政部门或职业院校的指导下遴选来自高等院校、科研院所、职业院校学校、行业企业等单位的专家，组成评价专家组，利用专家培训手册并对评价专家进行培训。

（2）专业评价机构开展数据平台建设，形成区域或适应具体某个职业院校专业建设 CIPP 全息性评价数据采集和管理信息平台，定期开展数据采集和分析工作。

（3）专业评价机构编制学校培训手册并组织专业培训，解读评价指标体系和评价程序，同时，负责受理各个职业院校专业评价申报，指导职业院校对照相应的评价指标体系开展自我评价工作，填报专业建设基础状态数据，进行专业建设数据分析，撰写数据分析报告，填写自评表，形成自评报告，分类形成各个指标的原始作证材料。

（4）专业评价机构组织专家组召开评价预备会，明确评价的目的、意义，深入分析评价对象基本情况、存在的主要疑点，有针对性地制订专家评价日程安排和工作计划。专家组到达评价现场以后，首先，召开专业建设数据预审会，与会专家充分发表对专业建设数据进行分析、寻找奇异点的具体情况，形成专业建设评价工作计划。其次，召开专业建设汇报会，校长或专业负责人作为汇报人系统汇报陈述专业建设数据分析结果，专业办学理念与目标、思路与措施、效果与影响等，专家进行提问质询。再次，查阅学校根据评价标准提供的各项主要信息，审阅专业建设的原始资料。若提供信息无法佐证时，评价专家需向专业建设工作人员进一步了解专业建设的实际情况。认真仔细核对专业建设信息有矛盾、冲突的地方，并通过其他调查手段予以澄清，同时做好记录。与此同时，根据分工，专家组成员根据指标体系内涵对专业基础能力、规范管理、师生风貌等情况进行观察，以获得相关信息。实地考察一般由专家提出考察内容，在学校相关领导带领下进行。另外，一些专家根据自己的分工开展座谈访谈、课堂观测，其中座谈要求召开教师座谈会、学生座谈会，访谈要求开展学校管理干部与服务社区、行业、企业代表的深度访谈工作。评价秘书负责师生问卷调查，按照学校提供的 2 年级专业学生名册，进行抽样并组织开展满意度问卷调查，并对调查数据进行收集整理。

（5）评价专家组根据数据采集平台提供的专业建设信息和现场评价情况，汇总评价信息，每位评价专家根据自己分工和具体的评价任务和内容，充分发表自己的意见，评价秘书全面记录每位专家发言的内容，分类整理专家评价结果，在此基础上形成专业建设评价专家评分表、现场评价反馈意见和建议；专家组组长组织专家围绕反馈意见进行充分讨论，修正评价意见并与学校核心管理人员进行小反馈，组织全体专家与专业建设人员进行反馈，在充分研讨和价值协商一致的情况下，专家组进行名字表决形成评价结果，起草专业建设评价专家反馈意见并召开由当地教育行政部门共同参加的反馈会。评价专家组返回驻地，在现场反馈意见基础上梳理形成最终的评价结果报告，评价委托单位审议并公布评价结果报告，如评价目标达成，则进行新一轮专业建设目标的制定，如未达成，则要求限期进行专业建设整改，在规定节点上，专业评价机构再进行同一水平的 CIPP 评价。

五、职业院校专业建设 CIPP 评价的全息性运用

CIPP 评价模式最核心的观点是评价最重要的目标不是佐证而是改进，职业院校专业建设 CIPP 全息性评价模式是一个逻辑严密的系统，这种评价模式通过背景、输入、过程和成果四个环节，评价受评专业建设信息的有效性，从而使专业建设策略、方案和建设规划更具成效，在搞好 CIPP 评价实践活动中，评价设计大纲和实施流程是十分必要的，这是评价发展性功能的集中体现。

（一）高度关注评价目标

严格意义上讲，CIPP 评价模式属于一般方案评价的范畴，虽然其适用范围较为广泛，但是，如何将 CIPP 评价模式引用到职业院校专业建设评价领域，仍然是一个较具创新性、挑战性的话题。在运用 CIPP 评价模式建构基于大数据、"两效四核"的专业建设全息性评价模式时，必须通过大规模的文献研究和实证研究，摸清区域、学校专业建设基本情况，做好专业建设评价保障机制建设，在此基础上，最为重要的是要针对不同专业大类乃至具体专业建设实践，正视并高度关注专业建设的目标的准确性，在专业建设评价目标的引领下设计评价框架体系，分析评价指标的表征信息，研制评价指标体系，编制评价手册，形成评价工具，开展评价实践。

（二）积极引导评价主体

职业院校专业建设全息性 CIPP 评价模式的一个突出特点是评

价主体多元，在背景评价、输入评价、过程评价和成果评价中涉及的评价主体包括学校内部的校级领导班子、中层管理干部、教师、学生，学校外部的行业企业管理人员、社区、家长、教育行政部门管理人员、第三方评价机构人员和评价专家，评价主体多元且众多。如何引导内部评价主体客观、公正、无功利化地评价与自身利益相关的专业是难点也是焦点；如何要求外部评价主体准确运用不同的评价方法，信息化评价手段，科学、高效地评价受评专业是突破也是挑战。所以，在开展职业院校专业建设 CIPP 评价工作时，一定要采取系统研发专业建设数据采集与管理平台、开发数据分析系统、科学设计专业建设评价量表、做好评价宣传、严格评价纪律、强化评价培训等措施，积极引导评价主体参与评价工作，实现评价的效率与效益。

（三）优化评价运行机制

1. 强化前置条件审核

职业院校专业建设评价采取学校内审和外审相结合的形式。这虽然可以从一定层面规避专业申报材料虚假信息，但是也不排除某些受评对象为了其他一些目的，采取虚假申报的情况，所以实施现场评价之前，需要强化申报评价前置条件的审核，充分关注专业建设状态数据，严格预审专业建设基本能信息，严把评价入口关。

2. 优化专家遴选与组织

第一，改善专家结构。建立专家遴选标准和机制，教育行政部门、职业院校在实施专业建设评价时，应委托第三方专业评价机构制定评价专家遴选标准，对申请人员进行筛选、面试和定期组织系统培训。在此基础上，建立专业建设评价专家库，逐步形成一个由高等院校、科研院所、中高职校长、财务、审计、工程建筑规划、行业企业专家等专业人员组成的专家资源库，实现专家来源渠道多样化、知识结构专业化、遴选机制科学化。

第二，加强培训管理。评价机构应改变以往专家"现学现卖"的工作方式，对专家进行定期培训，利用理论培训和模拟实操等培训方式方法，实时更新评价专业的相关知识结构与实践工作水平，加强专家之间的交流与合作；及时就职业院校专业改革发展变化、评价指标体系的修订等情况，进行详细解读和培训提高。同时，要建立专家动态管理机制，加强评价过程对专家履职情况的考核，对考核不合格的专家实行末位淘汰，让评价专家形成常态化专业建设 CIPP 评价实操知识和提高评价综合素质。

3. 优化评价实施过程

第一，完善评价机制。在教育行政部门领导下和"管、办、评"分离机制指导下，职业院校要建立专业建设内部质量保障机制，必须理顺专业建设管理部门与评价机构之间的关系，明确各自职责。专业建设管理部门负责评价项目立项和结果使用，监督评价过程，督促评价整改等；评价机构受教育行政部门委托，负责数据采集与管理平台建设，研制评价指标体系和开发评价工具，制定评价程序，遴选评价专家，开展评价培训，组织现场评价，形成评价初步结论并进行即时反馈等，彼此双方要进一步建立科学合理的教育评价工作分工与合作运行机制。

第二，随机遴选专家。专业建设 CIPP 全息性评价是一项专业性极强的工作，评价专业机构在定期实施评价之前，要按具体评价的专业类型，随机、科学、合理地从专家库中抽取评价专家，组成专业互补、各有所长的评价团队，并严密有序地进行系统培训，以保证评价的顺利完成。

第三，开发评价工具。在教育行政部门和职业院校的统筹指导下，由专业评价机构充分利用其专业化、信息化优势，开发评价实施载体，形成数据采集与管理系统、调查问卷、访谈提纲等一系列的评价工具。

第四，创新评价方式。要进行评价方式方法改革，改变传统的听、查、看、问、访等"五大评价手段"，今后应更加注重现代信息工具和平台的运用，建立评价资源和信息管理系统，形成职业院校专业建设大数据，以此提高评价的信效度及效率。

第五，加强行业企业合作。评价的落脚点是"以评促建、以评促发展"，要实现"进口旺、出口畅"的专业建设和发展局面，顺利实现职业教育"五个对接"的具体目标，就必须与行业企业加强合作，引入行业企业评价机制与标准，吸收行业企业专业人才参与具体的专业建设评价工作。

第六、强化过程监控。要充分体现评价的科学性、公正性、有效性和规范性，就必须加强现场评价过程和评议流程的监督和调控，可适当邀请纪检等部门的同志全程参与评价，及时进行评价进展报告等方式创新评议工作机制。注重科学设计评议流程，在评议过程中，追加评议环节，丰富评议方式和手段，形成"分组讨论""充分评议""头脑风暴"等评议效应，确保评议的公正性与公平性。

4. 加强评价结果使用

第一，建立评价报告定期发布制度。每年定期发布当年专业建设评价结果和上年要求学校的整改情况报告，接受社会和校内其他专业的监督，提高专业建设的时效性。

第二，创建评价反馈和追踪机制。职业院校专业建设 CIPP 全息性评价模式要求评价组织机构即时反馈评价结果，帮助专业建设实践者持续改进专业建设体制机制。评议结果反馈到专业建设管理部门以后，职业院校还应进一步创建评价结果和整改提高追踪机制。建立定期复查评价或专业汇报制度，对于限期无法完成整改任务的专业，要采取警告、降等降级、限制招生等办法，以提高职业院校专业建设的效益。

（四）关注评价可持续性

评价机构应定期开展评价工作研讨会，回顾专业建设 CIPP 评价模式运行的具体情况，总结评价工作取得的主要经验，梳理评价过程存在的基本问题，充分讨论评价目标、评价方案、评价程序、评价指标体系等存在的不足之处，提出专业建设 CIPP 全息性评价模式改进的具体意见和建议，动态调整专业建设评价机制，优化数据采集与管理平台，持续改进评价工作，以实现专业建设评价的可持续性。

（五）注重评价可推广性

开展职业院校专业建设 CIPP 全息性评价模式研究和实践从来都不仅仅局限于理论构想和设计，本书更为看重评价模式的普适性和可推广性。所以，不论是评价指标体系的设计还是评价模式抑或实践操作程序的建议的建构都首先关注了专业建设的通用原理，不同区域、不同职业院校专业建设背景分析、资源输入、过程建设和成果总结反思等基本要素。专业建设 CIPP 评价模式必须在具体实践过程中高度关注评价的可推广性，调试评价模式的普适度。

第五章 职业院校专业建设 CIPP 评价的个案研究

为了进一步检验和完善职业院校专业建设 CIPP 评价指标体系和评价模式的科学性和有效性，本书结合工作实际，开展了基于"两效四核"的职业院校专业建设 CIPP 评价实践探索，在实践基础上进行了总结和深入、系统分析。本部分将围绕个案背景、实施过程和个案评析等三个方面来解读专业建设 CIPP 评价中如何兼顾"两效四核"评价价值取向与操作思路，基于案例分析与总结，再次审视职业院校专业建设 CIPP 评价设计与实施。

一、案例概要

（一）案例来源

XX 省市职业院校 A 校学前教育专业，是学校的拳头专业，办学历史悠久，师资力量较强，实训条件基本能满足专业要求。当前，该专业发展形势良好，但是由于学校间竞争较为激烈，学校的办学优势不甚明显，专业发展存在诸多困惑与挑战：发展目标与定位不够清晰；与人才培养方案相关的专业资源连年增加投入但缺乏评价与侧重；课程设计、组织与评价不够有效；专业发展的质量、影响和特色显得不足。为了迎接教育部中职学校教学诊断与改进，完成质量年度报告制度建设，重新提振专业建设信心，打造专业核心竞争力，学校方主动提出经由第三方组织专家开展该专业的系统评价。经专家组与校方协商，确定学校学前教育专业采取基于"两效四核"的专业建设 CIPP 全息性评价模式来实现专业建设目标。基于此，根据 A 校学前教育专业面临的建设背景、现状和形式，比较契合本书构建的 CIPP 评价模式，故作为本书选取该专业的主要依据。

（二）案例内容

学校委托第三方专业评价机构开展了同类专业区域性和本校专业建设基本情况调研，反馈了调研结论和意见。专业评价机构与学前教育专业教师一起通过集体研讨的方式确定了人才培养目标和专业建设目标，形成了专业建设的价值取向。

在评价主体的确定方面，因地制宜商定了融合外部评价主体和内部评价主体的评价团队。外部评价主体有职教研专家，高职和应用型本科专家，幼儿园、早教、艺术培训领域专家，职业教育评价专家，财务专家和家长代表。内部评价主体有学校校长、中层干部、教师代表和学生代表。

在评价内容的确定方面，主要依据前期开发建构的职业院校专业建设 CIPP 评价指标体系进行了个性化优化，共涉及 4 个 A 级指标、13 个 B 级指标、38 个 C 级指标，外加专业特色指标。

在评价方式方法的选定方面，采用量化评价结合质性评价的方式，结合教育大数据思路，构建了专业建设数据采集系统和管理平台，综合采用调查法、文献法、现场观察法、个案访谈法、数据分析法、经费审计法、头脑风暴法、德尔菲法、反馈会等方法展开评价。

在评价程序设计方面，包括数据分析—学校自评—专家评价准备—评价实施—评价处理—评价反馈等环节。在现场评价环节，专家组分工合作，采取"校长答辩、专业剖析、说课程、现场核查、问卷调查、深度访谈、查阅原始资料、课堂观察、师生座谈"等程序有序推进工作。

在评价结果反馈上，评价专家召开过程性反馈和终结性反馈，与学前教育专业教师一起分析建设过程中存在的主要问题，并进行了整改提高。实施一轮评价工作以来，专业建设有序推进，核心竞争力不断凸显，人才培养质量得到提高。

二、案例分析

（一）背景评价阶段

1. 过程概述

背景评价，指向于核心目标，主要考量目标的适切度。在指标上体现为目标定位与人才培养方案。本阶段，评价组织实施者与学前教育教师一起开发了学前教育专业建设调研方案，研制了学前教育专业建设调查问卷和访谈提纲，针对区域教育主管部门和行业企业、本校师生等进行了调研，并对调研数据进行统计分析，形成了调研报告。

在调研基础上，评价组织人员与学前教育专业教师一起分析了专业改革发展的具体过程，形成了调研结论和建议，明确了专业建设提高效率、注重效益的核心价值取向，在此基础上起草并发布了专业建设五年规划、教育教学管理相关制度，同时，共同确定了专业建设目标和人才培养目标，明确了专业人才培养规格。

评价组织者按照 A 校学前教育个性化发展需要，开发了专业建设状态数据采集和管理系统，实时采集学前教育专业办学规模、实习实训条件、教师队伍数量与结构等数据，并注重了系统的兼容性和可推广性。

2. 片段描述

学校学前教育专业教师、幼儿园实践专家与评价组织者一起基于目标定位分析，制定了系统的人才培养方案，培养方案要素系统、表达规范、内容充实。内容共包含专业名称与专业代码、教育类型与学历层次、招生对象与学制、培养目标与人才培养规格、职业岗位分析与职业资格证书、教学分析与课程体系、人才培养模式、教学安排与教学进程表、教学方法与考核评价、实施保障等10个方面。具体来说：

第一，确定人才培养目标。本专业主要培养与地方经济建设需要相适应的，具有良好的职业道德、思想品质、健康体魄和心理素质，掌握本专业所需的文化基础知识、专业知识和较为熟练的职业技能，具有较强的就业能力和一定的创业能力，在学前教育和基础艺术教育机构，从事幼儿教师、艺术培训指导等工作，具有职业生涯发展基础的一专多能的技能型人才和高素质劳动者。

第二，形成专业发展定位。本专业毕业生主要面向学前教育和基础艺术教育机构，从事幼儿园的幼儿教师、保育员，少儿活动中心（早教培训机构）的专业教师、艺术培训辅导教师、教务人员等岗位工作。对接的职业资格或技能等级证书有幼儿教师资格证、舞蹈等级证、乐器等级证。

第三，确定人才培养规格。一是职业素养。具有良好的思想政治素质和职业道德；具有健康的体魄，掌握基础运动技能；具有阳光的心理，掌握心理调节技巧；具有人文和科学素养，形成稳定的专业思想和良好的生活态度；具有吃苦耐劳、诚实守信、爱岗敬业的工作态度；具有勤于思考、善于动手、勇于创新的精神；具有良好的人际交往能力、终身学习能力、团队合作精神和服务意识；能严格遵守幼儿园规章制度和幼儿一日活动操作规程；具有正确的就业观和一定的创业意识。二是职业知识。了解中国学前教育基本情况；掌握幼儿园各领域教育的特点与基本知识；具有幼儿发展知识、幼儿保育和教育知识；具有一定的自然科学和人文社会科学知识；具有相应的艺术欣赏与表现知识；具有一定的现代信息技术知识。三是职业能力。掌握幼儿一日生活组织与保育能力；掌握环境创设与应用能力；掌握游戏活动的支持与引导能力；掌握教育活动的设计与实施能力；掌握幼儿园课程实施与评价能力；掌握幼儿行为观察与指导能力；掌握幼儿心理健康教育能力；掌握班级管理能力；掌握幼儿安全、卫生与保健能力。

3. 简要评析

背景评价阶段注重了学校管理人员、师生、行业企业、评价专家、教育行政管理人员等多元评价主体参与专业建设调研、培养目标确定和专业建设目标与定位，是在面向区域学前教育专业人才需求调研、典型工作任务与职业能力分析的基础上进行的。

在此基础上，专业制定了中长期发展规划，发布了专业建设相关管理制度，幼儿园等学前教育机构深度参与人才培养方案制定，并分阶段对学前教育专业建设各类资源投入和运行机制进行了系统设计，体现了专业建设的效率和效益。

表 5-1　背景评价表

A级指标	B级指标	主要观测点	指标说明	定性评价	评分
A1 核心目标 (0.20)	B1 目标定位 (40%)	C1 专业建设目标与规划执行 (50%)	专业建设规划的科学性、可行性，专业建设规划执行的有效性、一致性	该培养目标的确定，是在面向全市的中职学前教育专业人才需求调研报告和典型工作岗位与职业能力分析的基础上进行的。但是，专业建设缺乏科学性和有效性，没有制定专业建设中长期发展规划书，导致目标定位缺乏长远性与前瞻性	
		C2 专业人才培养目标 (50%)	培养目标与相关要素的适切度		
	B2 培养方案 (60%)	C3 培养方案各要素匹配程度 (50%)	培养方案各要素匹配程度：培养目标、培养要求、专业定位、课程设置等要素之间的匹配程度	人才培养方案中，培养目标、培养要求、专业定位、课程设置等要素间匹配程度较高。毕业生在知识、能力和素质对培养目标的支撑程度较高。通过校长答辩、专业剖析和资料查阅，专家组认为学校学前教育专业发展的核心目标适切度较高，目标定位准确清晰，培养方案具体完善，建议进一步着眼于专业发展的长远考虑，制定科学、合理的专业建设中长期发展规划	
		C4 毕业生的知识、能力和素质对培养目标的支撑程度 (50%)	培养方案各要素支撑程度：培养目标、培养要求、专业定位、课程设置等要素对人才培养质量的支持程度		
得分小计					

（二）输入评价阶段

1. 过程概述

输入评价，指向于核心资源，主要考量条件的保障度。在指标上体现为教师资源、教学资源和经费资源。该评价阶段，评价组织机构根据学前教育专业人才培养目标和定位，在与专业教师的充分讨论下形成了坚持"以评促建、以评促改，以评促发展"的指导思想，通过开展专业建设评价，认定专业建设成果，分析和反馈专业建设存在的主要问题，进而引导并提升学前教育专业建设水平，增强专业可持续发展核心竞争力的评价目标。

在此基础上，评级组织机构利用专业建设状态数据采集和管理平台对课程设置、师资、实习实训等各项输入资源进行系统收集。评价机构针对专业建设 CIPP 评价模式要求开发了评价标准、评价手册、评价工具，对学前教育专业教师进行了通识培训，以保障专业建设资源输入的有效性。

2. 片段描述

（1）课程设置

根据《教育部办公厅关于制订中等职业学校专业教学标准的意见》的相关要求，A 校学前教育专业开设了公共基础课程、专业技能课程、素质拓展课和选修课，形成了学前教育专业课程结构。

其中，公共基础课程包括德育课、文化课、体育与健康课等必修课及其他选修公共课程，学生应达到国家规定的基本要求，公共基础课程必修课的教学大纲由国家统一制定；专业技能课程包括专业核心课和专业（技能）方向课，按照相应职业岗位（群）的能力要求和职业标准制定课程教学标准；素质拓展课包括军训及入学教育、社会实践、教学见习、毕业教育等课程；选修课包括心理健康教育、书法、职场礼仪、企业文化、家园沟通技巧、幼儿园班级管理、幼师英语、保育员培训、幼儿营养搭配等课程，主要是培养学生职业素养、从业适应力和职业发展能力。素质拓展课和选修课根据幼儿教师工作岗位能力要求和专业培养目标制定统一的课程教学标准。

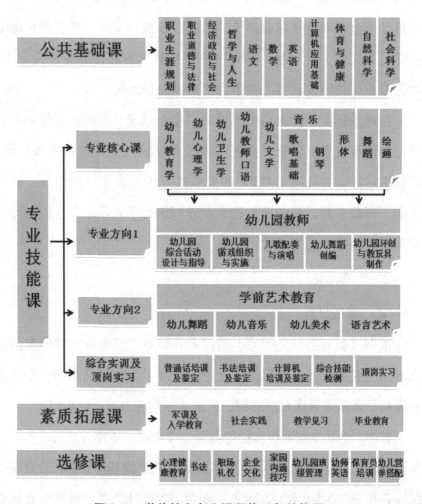

图 5-1 学前教育专业课程体系与结构图

（2）教师资源

教师资源，作为专业建设输入条件的首要核心资源，决定了专业建设的质量和成败。学校学前教育专业在教师资源上，着眼于专业教师发展，加大对专业带头人、"双师型"教师、骨干教师三类教师的培养和培训，强化教师企业实践锻炼，也涌现了一批教研科研成果。但是对于迅猛的专业发展势头与强劲的需要而言，教师资源在数量和质量上仍不能很好地保障。专业发展所需的教师整体规划缺位。生师比较高，行业企业的专业教师来源数量不足，教师对行业企业的联系不够深入，最终影响专业的持续发展和人才培养质量的持续稳定。

一是教师队伍建设规划与执行。学校制定了针对专业教师中学科带头人、"双师型"教师、骨干教师三类教师的发展计划，但是缺乏教师队伍整体发展规划考虑。

二是专业教师的生师比。近年来，学前教育专业规模猛增，教师补充不够，专业课教师比例偏低。行业企业来源的专业课教师占比较低。教师工作量大，不利于教师发展，不能满足专业发展需要。补充兼职教师，也不能有效解决这个问题。

三是"双师型"教师的生师比。本专业"双师型"教师占专任专业课教师比例达 97%。但是中、高级"双师型"教师占比仍需提升。由于专业课教师总量不足，所以"双师型"生师比较高。

四是优秀教师的比例。骨干教师 20 人，校级以上专业带头人2 人，获得校级以上的优秀教师 12 人，所占比例不高。

五是高学历教师的比例。硕士以上学历 9 人，占比较低。需要加大引进和培养的力度。

六是教师队伍年龄结构。专业现有教师中，45 岁以上教师占 55%，其中 50 岁以上教师占比高达 40%，35—45 岁教师占 20%，35 岁以下教师占 25%。

表 5-2　输入评价—教师资源评价表

A 级指标	B 级指标	观测点	指标说明	定性评价	评分
A2 核心资源 (0.30)	B3 教师资源 (40%)	C5 教师队伍建设规划与执行 (20%)	教师队伍建设规划的科学性、可行性，教师队伍建设规划执行的有效性、一致性	有几类教师的发展规划，但是缺乏教师队伍整体发展规划考虑	
		C6 专业教师的生师比 (20%)	专业教师指从事专业课（含专业基础课）教学工作的专任教师	近年来，学前教育专业规模猛增，教师补充不够，专业课教师比例偏低。行业企业来源的专业课教师占比较低。教师工作量大，不利于教师发展，不能满足专业发展需要。补充兼职教师，也不能有效解决这个问题	
		C7 "双师型" 教师的生师比 (20%)	参加并取得双师型教师称号的生师比	本专业"双师型"教师占专任专业课教师比例达 97%。但是中、高级双师型占比仍需提升。由于专业课教师总量不足，所以双师型生师比较高	
		C8 优秀教师的比例 (20%)	获得各级优秀教师、骨干教师、名师、专业带头人等荣誉称号的比例	骨干教师20人，校级以上专业带头人2人，获得校级以上的优秀教师12人，所占比例不高	
		C9 高学历教师的比例 (10%)	专业专任教师中具有硕士及以上学位教师所占比例	硕士以上学历 9 人，占比较低	
		C10 教师队伍年龄结构 (10%)	老中青结合、形成梯度发展	老中青教师配备比不合理，教师队伍老龄化情况较为严重	
得分小计					

（3）教学资源

从输入条件来看，教学资源主要集中于设施设备与实训基地。对于学前教育而言，有着先天的优越性，校内外实训基地，其设施设备的投入与使用周期相对周期较长，利用率较高，更新换代不甚迅速。从人才培养的需求而言，校企合作体制机制建设就显得尤为关键。在广泛拓展基地数量的同时，应考虑学生就业岗位的对接，应设法促进合作的紧密程度，加大订单制或学徒制培养的力度。

一是生均实验实训设备值。校内实训基地仪器设备总值 332.2 万元，生均 1090 元，总体较低。近 5 年新增 135 万元，生均 442 元，与以往相比增幅明显，但总体仍旧较低。

二是实训基地数量及作用发挥。学前教育专业拟在现有基础上建设校外实训基地 43 家。合作企业接收的顶岗实习学生数 10950 人／月，合作企业接收就业的学生数 498 人。

三是校企合作数量与效果情况。签订合作协议的企业 61 家，成立学前教育专业教学指导委员会，成立本专业园校合作工作小组，完善校内实训场地，积极开展校外实训，增加合作幼儿园 8 家，通过园校合作，使本专业参与"订单式"培养的幼儿园达到 35 家，新增校外实训基地 4 个，广泛开展园校合作。与行业共同建立学生考核评价机制，探索园校共同参与的校企合作的人才培养体制和机制，促进资源共享、合作共赢。与幼儿园紧密合作，共同研讨机制建设。聘请幼儿园园长等学前教育专家到校为师生指导、讲座；教师深入幼儿园实践、研讨与幼儿园共同开发活动。成功与 7 家合作单位签订订单培养协议，订单学生达 188 人。与合作单位共同开展订单培养活动。幼儿园骨干教师到校给订单学生上课，组织订单学生到幼儿园见习。

表5-3　输入评价—教学资源评价表

A级指标	B级指标	观测点	指标说明	定性评价	评分
A2 核心资源 (0.30)	B4 教学资源 (40%)	C11 现有教学实训、实验仪器设备（含软件）生均值（25%）	单价1000元以上的设备	校内实训基地仪器设备总值332.2万元，生均1090元。总体较低	
		C12 近五年新增的教学实训、实验仪器设备（含软件）生均值（25%）	近五年新增单价1000元以上的设备	新增135万元，生均442元。总体较低	
		C13 近五年校外实训、实习、实践基地数量及各基地参加学生人数、次数与专业在校生总数的比值（25%）	校外实习实践基地是指近五年有学生实习且签有协议的实习实践基地	校外实训基地43家。合作企业接收的顶岗实习学生数10950人/月，合作企业接收就业的学生数498人	
		C14 校企合作数量与效果情况（25%）	校企合作是指签订合作协议的企业	签订合作协议的企业61家，成立学前教育专业教学指导委员会，成立本专业园校合作工作小组，完善校内实训场地，积极开展校外实训，增加合作幼儿园8家，通过园校合作，使本专业参与"订单式"培养的幼儿园达到35家，新增校外实训基地4个，广泛开展园校合作。与行业共同建立学生考核评价机制，探索园校共同参与的校企合作的人才培养体制和机制，促进资源共享、合作共赢。与幼儿园紧密合作，共同研讨机制建设。聘请幼儿园园长等学前教育专家到校为师生指导、讲座；教师深入幼儿园实践、研讨与幼儿园共同开发活动。成功与7家合作单位签订订单培养协议，订单学生达188人	
得分小计					

（4）建设经费

通过区域学前教育专业调研了解到，当前本专业的专业建设阶段性经费投入较为充足。但是，专业建设水平的持续提升，需要积极争取各种资金支持，需要加强资金的使用效率，才能显现成效。

近两年来，学校学前教育专业建设，预计总投入 550 万元，实际投入 588.15 万元，实际使用 588.15 万元，资金使用率 100%。其中，中央资金预计投入 280 万元，实际投入 280 万元，实际使用 280 万元。地方资金预计投入 210 万元，实际投入 210 万元，实际使用 210 万元。行业资金预计投入 10 万元，实际投入 12.76 万元，实际使用 12.76 万元。学校自筹资金预计投入 50 万元，实际投入 85.39 万元，实际使用 85.39 万元。从投入与支出的数据来看，本专业建设经费能够得到较好保障。具体评分见表 5-4。

表 5-4　输入评价—经费资源评价表

A 级指标	B 级指标	观测点	指标说明	定性评价	评分
A2 核心资源（0.30）	B5 经费资源（20%）	C15 专业经费投入生均值（100%）	专业经费投入生均值	588.15 万元，生均 1924 元。经费投入较为充足	

3. 简要评析

输入评价阶段，专业建设实践者和评价机构工作人员一起根据专业建设规划和人才培养目标定位，确定专业建设阶段性和终结性评价目标，通过基于大数据平台，实时监控专业建设资源输入的情况和效率，评价专家可以实时查看专业建设进展和取得的阶段性效益。

（三）过程评价阶段

1. 过程概述

过程评价，指向于核心任务，主要考量专业建设工作任务实施的有效度。对于专业建设的过程性评价主要基于大数据背景和要求下，依托专业建设数据采集与管理平台，引入 KPI 等数据分析系统，与专业建设者一起实时关注和监控核心任务的推进情况。

以课程体系建设评价为例，在观测点上体现为职业能力分析、课程体系建构、课程标准开发、校本课程编制等四个指标。在专业建设过程中实施 CIPP 的过程性评价和成果性评价，评价专家预审专业建设过程数据，找出奇异点，在此基础上，通过现场随机进行专业剖析、说课程，选取专业核心课骨干教师进行专业建设过程解读、课程体系构建介绍。通过现场考察，开展随机访谈、随堂听课，感受全过程性。专家讨论商议，围绕评价中暴露的特点和问题予以诊断，并形成改进建议，及时反馈，从而达到优化专业课程体系的目标。

2. 片段描述

（1）职业能力分析

专业建设小组通过对 26 家幼儿园及学前教育机构进行行业调研，形成了人才培养模式调研报告，在学前教育专家的指导下，专业骨干教师与行业专家、技术骨干进行反复研讨，构建了学前教育"德技双馨、园校互动、学做交替"的人才培养模式。在此基础上要求行业企业一线实践专家召开学前专业典型工作任务和职业能力分析会，形成职业能力分析表，在此基础上撰写学前教育职业能力分析报告，找到学前教育专业课程构建的具体意见和建议。

（2）课程体系构建

课程设置是基于人才目标定位、典型岗位与职业能力分析后建构的，与人才培养目标高度吻合。课程设置是基于工作任务分析与工作过程导向建构的，与培养计划中的知识、能力、素养要求的内在一致性程度高。在与学前教育一线专家共同进行典型工作任务与职业能力分析后，对接学前教育用人需求，构建了适应岗位职业能力需求的新课程体系。根据新的课程体系及教学需求，制定课程标准，明确课程教学活动设计，形成课程标准建构研究报告。

（3）课程标准开发

依据课程体系建构研究报告建设期间，专业建设小组制定9门专业核心课程标准，每门课程标准均明确课程性质、课程目标、课程内容、教学活动设计和教学实施建议。课程内容既体现理论性，更体现实践任务的完成，强调能力本位、学生可持续发展导向，体现对人才培养目标的贯彻和落实。

（4）校本教材编制

一是组建机构。学校成立了以联系校长为组长的学前教育专业校本教材编制小组，对专业校本教材进行总体设计；专业部长为教材编制负责人，教研组长为专职联络员，专业骨干教师是教材编制小组成员，落实工作任务。

二是构建制度。在《专业建设实施管理办法》《专业建设经费管理办法》《经费管理实施细则》等规章制度的指导下，制定校本教材开发职能职责和经费使用制度。全面落实周有安排、月有计划、季有检查、定期考核的教材编制过程跟踪督导机制，实现了工作有规范，监测有指标，考核有标准，奖惩有依据。

三是出版教材。采用"项目任务""学科领域和情景"等模式，开发课程教材 8 门并公开出版。建成 1 门课程的数字化教学资源，包括课程标准、电子教材、教学设计、教学视频、课件教案和试题试卷等内容，充实了学校数字化教学资源库。

表5-5　过程评价—核心任务评价表

A级指标	B级指标	主要观测点	指标说明	定性评价	评分
A3 核心任务 (0.30)	B6人才培养模式改革 (20%)	C16 人才培养模式改革 (40%)	关注人才培养标准、方式方法与行业企业要求，职业资格标准的适应度	通过调研建构了"德技双馨、园校互动、学做交替"的人才培养模式，正逐步试点，有一定的效果，与行业企业要求基本一致	
		C17 教学模式改革 (30%)	关注教学内容、教学方式方法、教学手段和教学策略的改革实施过程和效果	通过课程体系建构，教学内容与行业企业匹配度不断增强，教学方法、手段得到优化，但是"五环四步"教学还需进一步升华	
		C18 评价模式改革 (30%)	教学评价和学生综合素质评价内容、方式方法、手段	采取了一定的学业评价方法，对教学质量有一定的监控，但是还需要进一步探索学生综合素质评价的方法和效果	

续表

A 级指标	B 级指标	主要观测点	指标说明	定性评价	评分
A3 核心任务 (0.30)	B7 课程 体系建设 (20%)	C19 职业能力 分析（20%）	基于岗位典型工作任务、职业能力要求等进行职业能力分析，作为课程体系建构的依据	要求企业实践专家开展职业能力分析，厘清学前教育专业职业能力要求，效果好	
		C20 课程体系 构建（20%）	在理论与实践相融合、教学内容与岗位需求相适应的注重综合素质培养的课程体系建立等方面的课程改革方案和课程发展规划及有关的成效	基本构建了学前教育专业课程体系，但是在教学安排和实施上还需要进一步优化，特别是学前教育专业核心课程	
		C21 课程标准 开发（40%）	围绕专业方向课程、核心课程进行课程标准开发并运用于课程教材开发	开发了 9 门课程标准，效果较好，但还需要进一步开发其他课程标准，服务专业教学需要	
		C22 校本教材 编制（20%）	在形成适应新兴产业、新职业、新岗位的校本课程和教材开发、应用和更新机制方面的成效	编制并出版来了相关校本教材，并在实际教学过程中加以使用，效果好	
	B8 教师 队伍建设 (30%)	C23 专业带头 人培养（15%）	关注"四类"教师队伍建设的制度建设；培养方案和年度实施计划设计与实施，培养培训工作的推进情况和有效性；教师实践教学能力提升情况	制定了专业带头人、骨干教师、"双师型"教师、兼职教师规划和年度实施计划，有四类教师管理和考核制度，但是，四类教师遴选、认定和培养缺乏相应的评价标准和切实可行的办法。四类教师分类培养培训的力度还需要进一步加强，以提高教师队伍建设的针对性和有效性	
		C24 骨干教师 培养（40%）			
		C25 "双师型" 教师培养 （35%）			
		C26 兼职教师 队伍建设 （10%）			

续表

A级指标	B级指标	主要观测点	指标说明	定性评价	评分
A3 核心任务 (0.30)	B9 校企合作、工学结合运行机制建设 (30%)	C27 校企合作机制建设 (30%)	建立校企合作指导委员会，行业企业参与专业人才需求调研，人才培养方案制定，课程体系建设，教师培养培训等工作	学前教育专业牵头成立了校企合作专家指导委员会，专家指导委员会开展了一些工作，但是未能深度参与专业建设全过程，需强化	
		C28 校内外实训基地建设 (50%)	校内实训基地建设情况，包括场地面积、设备设施、数量和种类配备、与专业规模和教学需要适应等情况；校外实训基地或实习场所建设情况，数量和稳定性	学前教育专业校内外实训基地的数量增加较多，但是企业参与专业人才培养的深度还需加强，稳定性还需要提高	
		C29 集团化办学 (20%)	学校参与或牵头开展集团化办学的实际情况，发挥集团化办学优势，促进学校发展与改革的突出成效	集团化办学需要进一步强化。进一步发挥 A 校学前教育专家地区领头羊的作用，做好示范辐射和服务地方经济社会发展	
得分					

3. 简要评析

过程评价是专业建设 CIPP 评价的主要内容，学前教育专业构建了复合职业教育要求、体现职业教育特色的人才培养模式，课程体系体现"理实一体"的职业教育特色，教师队伍建设有专项规划并进行年度计划的制定，校企合作、工学结合运行机制正在不断优化，通过专业建设大数据 KPI 分析可以观察到专业建设的内涵愈加丰富，专业软实力在不断加强。过程评价充分体现了专业建设的动态性、发展性。

（四）成果评价阶段

1. 过程概述

成果评价即一轮专业建设终结性评价阶段。本阶段学前教育专业建设评价包括"数据填报、数据分析、学校自评、专家现场评价、结果反馈"五个程序，在专家现场评价环节，专家组进行分工，采取"数据预审、答辩质询、现场核查、问卷调查、深度访谈、查阅原始资料、课堂观测、师生座谈"等程序推进评价。

专业评价机构根据学前教育专业建设 CIPP 评价立项要求，发出评价通知、方案和评价指标体系，在此基础上随机遴选来自高等院校、科研院所、职业院校学校、行业企业等单位的专家，组成评价专家组，利用专家培训手册并对评价专家进行培训。专业评价机构组织专家组召开评价预备会，明确评价的目的、意义，深入分析评价对象基本情况、存在的主要疑点，有针对性地制定专家评价日程安排和工作计划。

2. 片段描述

（1）办学规模

A 校学前教育专业近三年学历教育在校生年平均人数为 550人，且呈逐渐扩大的趋势。

（2）学生培养质量

学生职业能力有了明显提升，人才培养质量进一步提升。双证书获取率 95% 以上，实现了"多证融合"。毕业生就业率高且保持稳定。就业率 100%，专业对口率 92%。

（3）教师专业成长

近年来，A 学校学前教师专业培养专业带头人 1 名，从校外聘请专业带头人 1 名，培养培训骨干教师 8 人，认定"双师型"教师 24 人，专业教师"双师比"达到 89%，有 5 名教师在国家级刊物发表文章，3 名教师获得市级及以上科研奖励。

（4）专业影响力

一是专业建设屡获殊荣。在国家级、省市级各类竞赛中累计获得奖项 90 余项；其中，文明风采一等奖 8 项、二等奖 27 项、三等奖 55 项；在第八届重庆市中职学校学前教育专业职业技能大赛中获得二等奖 2 项、三等奖 1 项。

二是专业辐射作用明显发挥。一是广泛推广辐射建设经验。先后接待陕西省商业学校、西藏昌都职业教育中心、重庆工业管理学校、彭水职业教育中心等来校考察学习，借鉴 A 校学前教育专业的改革经验；专业组教师赴彭水县职业教育中心展示 A 校示范建设教育教学的改革成果。二是发挥优势推广成果。项目组承办了重庆市中职学校学前教育专业教师教学能力提升培训班教学展示活动，2 名骨干教师进行了示范课展示，有效地推广了 A 校"五环四步"能力本位教学模式的改革成果。1 名骨干教师参加全市中职学校"五环四步能力本位职业教育课堂教学模式"说课活动，荣获一等奖,充分发挥 A 校优势,有效地在全市推广了该校的教学模式改革成果。

三是社会服务能力显著提升。一是为社会发展输送了一批人才。近两年,累计为学前教育机构培养输送优秀学前教育师资 908 人。毕业生就业率 100%,专业对口率 92%,毕业生就业满意度明显提升。二是广泛开展技能鉴定。开展社会培训、鉴定和技术服务。近两年,累计为行业、企业员工开展技能提升培训 2 项,5203 人次,技能鉴定 5000 余人次。三是支援地方学前教育事业的发展。对彭水县职业教育中心进行专业建设援建,累计派遣 3 名教师赴该校开展培训,指导教学;选派 17 名优秀学生到南川、潼南、大足、武隆等区县 10 余所幼儿园支教。

3. 简要评析

学前教育专业建设成果评价基于目标设定、输入保障和过程推动达成的最终效果。在 CIPP 成果评价中除了评价设定任务的全面预期完成之外,还特别考虑了效率和效益。基于数据采集和分析,运用信息化评价手段可以很好地试点评价工作本身的效率和效益,而学生培养质量、就业率、获证率、对口率均是专业建设效率的体现;专业满意度、评优获奖、辐射作用、社会服务等专业影响则是专业建设效益具体反映。具体评分见表 5-6。

表 5-6　成果评价与特色发展评价表

A 级指标	B 级指标	主要观测点	指标说明	定性评价	得分
A4 核心发展 (0.20)	B10 办学规模 (10%)	C30 办学规模（100%）	近三年学历教育在校生人数	专业近三年学历教育在校生年平均人数为 550 人，且呈逐渐扩大的趋势	
	B11 学生培养 质量 (50%)	C31 专业知识与技能（40%）	专业知识测试合格率，技能等级证书或职业资格证书获证率，竞赛中获奖	学生职业能力有了明显提升，人才培养质量进一步提升。双证书获取率 95% 以上，实现了"多证融合"	
		C32 思想品德与体能（30%）	学生思想品德、行为规范和学习风气，无重大事故、违法、犯罪情况，操行评定合格率；体质健康测试达标率，体能良好	毕业生就业率高且保持稳定。就业率 100%，专业对口率 92%	
		C33 毕业生就业情况（30%）	近两年平均就业率，平均专业对口率，就业后三个月稳定率，升学率适度；毕业生质量好，获用人单位很好的评价	学生职业能力有了明显提升，人才培养质量进一步提升。双证书获取率 95% 以上，实现了"多证融合"。毕业生就业率高且保持稳定。就业率 100%，专业对口率 92%	
	B12 教师专业 成长 (20%)	C34 教师技能水平（50%）	专业教师能积极参加优质课或专业技能操作竞赛，成绩和效果好，有市级以上获奖	近年来，A 学校学前教师专业培养专业带头人 1 名，从校外聘请专业带头人 1 名，培养培训骨干教师 8 人，认定"双师型"教师 24 人，专业教师"双师比"达到 89%，有 5 名教师在国家级刊物发表文章，3 名教师获得市级及以上科研奖励	
		C35 学生满意度（50%）	学生对专业教师的师德、师风以及教学水平满意度	调查显示学生满意度 98%	

续表

A 级指标	B 级指标	主要观测点	指标说明	定性评价	得分
A4 核心发展 (0.20)	B13 专业影响力 (20%)	C36 专业获奖（30%）	近 3 年在本地区、行业或全国职教界影响，获得市级以上表彰；有很好的社会形象和声誉	在国家级、省市级各类竞赛累计获得奖项 90 余项；其中，文明风采一等奖 8 项、二等奖 27 项、三等奖 55 项；在第八届重庆市中职学校学前教育专业职业技能大赛中获得二等奖 2 项、三等奖 1 项	
		C37 辐射作用（30%）	为校内外专业提供了有价值的经验；在产教结合、校企合作中成果丰富、显著，产生了教学效益、社会效益和经济效益	（一）广泛推广辐射建设经验 先后接待陕西省商业学校、西藏昌都职业教育中心、重庆工业管理学校、彭水职业教育中心等来校考察学习，借鉴 A 校学前教育专业的改革经验；专业组教师赴彭水县职业教育中心展示 A 校示范建设教育教学的改革成果 （二）发挥优势推广成果 建设期间，本项目组承办了重庆市中职学校学前教育专业教师教学能力提升培训班教学展示活动，2 名骨干教师进行了示范课展示，有效地推广了 A 校"五环四步"能力本位教学模式的改革成果。1 名骨干教师参加全市中职学校"五环四步能力本位职业教育课堂教学模式"说课活动，荣获一等奖，充分发挥 A 校优势，有效地在全市推广了该校的教学模式改革成果	
		C38 服务地方经济（40%）	专业教科研成果丰富，对同类专业有较强的借鉴和骨干带头作用，推动了地区职业教育发展	（一）为社会发展输送人才 建设期内，累计为学前教育机构培养输送优秀学前教育师资 908 人。毕业生就业率 100%，专业对口率 92%，毕业生就业满意度明显提升 （二）开展技能鉴定 广泛开展社会培训、鉴定和技术服务。建设期内，累计为行业、企业员工开展技能提升培训 2 项，5203 人次，技能鉴定 5000 余人次 （三）支援地方学前教育事业的发展 对彭水县职业教育中心进行专业建设援建，累计派遣 3 名教师赴该校开展培训，指导教学；选派 17 名优秀学生到南川、潼南、大足、武隆等区县 10 余所幼儿园支教	

A级指标	B级指标	主要观测点	指标说明	定性评价	得分
专业特色（附加）	专业特色建设、实施过程和效果	在实践中培育和凝练出的专业特色及其效果说明	按照学校专业建设总体思路，以重庆学前教育事业发展需求为导向，在行业调研和工作任务分析的基础上，构建了"德技双馨、园校互动、学做交替"的人才培养模式，构建了适应岗位职业能力需求的课程体系；与学前教育机构加强合作，创设实践教学环境，运行"五环四步"能力本位教学模式和"四三一"多元量化评价模式改革；建设校内外实习实训基地。全面提高学前教育项目建设水平，培养合格的学前教育专业人才，通过示范校建设，学前教育专业教育教学水平得到显著提高，为提升重庆市学前教育水平作出了应有的贡献，得到了社会各方的肯定	
得分小计					

三、案例评述

A 中职学校学前教育专业，通过专业建设 CIPP 评价，系统分析专业建设的全过程，在此基础上进行终结性评价，得出评价结果，并进行即时反馈。现场评价专家通过基于专业建设预设目标的达成情况，认为专业建设效益明显、效率较高，可以开展新一轮专业建设。职业院校专业建设 CIPP 全息性评价模式在该专业建设评价中得到有效的应用和检验。

本书将职业教育专业建设这一复杂的系统概括为核心目标、核心资源、核心课程和核心发展，与 CIPP 的背景评价、输入评价、过程评价和成果评价一一对应。这既体现了 CIPP 评价其完整系统性的特征，也照应了专业建设的内在要素与规律，还能够将专业建设的过程要素较好地涵盖其中。同时，在专业评价中，超越对效果的评价，充分考虑其效率和效益，体现了职业教育的本质特征，体现了全新的评价理念和思想。与此同时，基于进一步提升评价效率与效益，本书通过实践得出以下启示和改进建议。

（一）案例实践启示

通过对"两效四核"CIPP 专业建设评价案例的全程、系统验证，我们深刻体验到在专业建设 CIPP 评价中的特点和风格，集中体现为评价设计与运行、评价效率与效益提升。

1. 评价设计与运行评析

专业建设 CIPP 全息性评价模式更适合系统性、全程性、动态性评价。在评价实践中，CIPP 评价四个阶段工作指向、重心各有侧重，也非孤立割裂，需要有机联系，力求体现其系统全息性。在评价实施的各个阶段，参与评价的专家尽可能保持全程参加与关注，力求体现全程性，否则专业建设的各个阶段与要素的内在联系容易被肢解与削弱。在评价实践中，预先设计的评价主体、内容、方式、程序等，在试验过程中往往显得有点机械，需要在运行操作中加以灵活调整，充分体现其动态性。

2. 评价效率与效益评析

基于"两效四核"建构的专业建设 CIPP 评价模式和传统评价模式相比，效率与效益得到了明显提高。从效率来讲，基于充分的评价设计与准备、严格的评价管理与实施、科学的分工协作、大数据背景下信息化的评价手段运用。评价指标与模式的设计，评价前期引导学校专业自评，评价前目标、方案的商定、工具的开发等准备工作，为效率提升做好铺垫；评价过程中，实时采集评价数据，多方意见综合商定方能评定，确保了评价的公允与高效；专家分工协作，2 人一组 AB 角色开展评价，既体现专家各自的优势，也能提升工作的效率。

从效益来讲，基于充分调查服务问题诊断、多元意见助益专业改进、专业发展长效机制建立。本书设计的调查表，将专业建设 CIPP 的系统信息予以搜集，也帮助学校进一步系统把握专业横向各要素的发展水平和纵向发展增量，从中也能发现问题和规律，便于诊断；专业改进建议的提出，相当谨慎，既需要破，更需要立，我们在每个环节都结合采用了专家德尔菲法、头脑风暴法，意在综合多元意见形成针对性改进建议，促进服务专业质量提升；专业建设评价，不仅解决发展当下的问题，若能着眼长远、防患于未然则更高一筹，在 CIPP 评价中，我们着眼于专业建设规划等长效机制的建立与完善，来推动专业建设的长足、持续发展。

（二）实践改进建议

经过一轮试点评价，本书切实体会到"两效四核"CIPP 评价指标体系和评价模式在可持续性和可推广性上值得继续探究。

1. 评价可持续性建议

研究针对四个维度设置的四核指标，其去粗取精的评价思想在尤为复杂的学校专业建设评价中值得借鉴与学习。为了将"两效四核"CIPP 评价的思想与方法持续贯彻，研究几乎在每个要素中强调规划与机制的建立，意在强化学校专业建设的长远性和前瞻性，强调评价的可持续性。

我们建议，"两效四核"CIPP 评价的持续，需要从内部驱动转向内部发力，经过前一轮评价，学校已经熟悉了相关的思路、流程和方法，后续需要进一步延伸其应用的广度和深度，形成常态机制。同时，对评价的反思与改进，也是常态机制的应有之义。

2. 评价可推广性建议

在可推广性方面，本书认为"两效四核"CIPP 评价更加适合项目建设评价与管理，而非静态的结果性评定。同时在评定的方式上，建议采用等次量化与质性评价相结合的方式，由于职业教育专业建设评价本身的复杂性，此专业和彼专业没有完全的可比性，因此需要具体情况具体分析，方能体现其科学性。另外，建议在评价指标体系的设计中，在 CIPP 四个维度指标之外，可以单独增加对专业建设效率和效益的考察指标，便于专项评价和引导。评价在注重专家意见的同时，还要向利益相关群体听取意见，如一线教师、学生、用人单位等，在此基础上，提出具体的改善措施，再反馈给利益相关群体。

3. 评价的针对性建议

按照产业划分，职业院校开办的专业千差万别，本书所建构的职业院校 CIPP 评价模式如果要达到所有专业都能适用的目标，必须在基于大数据背景下，坚守 CIPP 评价模式的四个环节和内容，强调从专业设置、资源投入、整合、专业人才培养模式、课程体系建设、教师队伍建设、校企合作、工学结合等方面出发，加强职业院校专业建设，运行机制建设等改革发展并且对建设成果进行全过程、全方位和全息性的综合性评价。同时，任何评价都需要组织者高度关注评价主体的水平和能力，针对不同专业，评价主体，尤其是专家评价主体应该具有较为扎实的专业背景，专家准入制度的建立和专家资源库建设尤为重要。

第六章 职业院校专业建设 CIPP 评价的原理归结

　　职业院校专业建设评价实质上是对职业院校专业建设系统进行全面评价，进而对其进行价值判断的活动过程。基于 CIPP 评价模式的职业院校专业建设评价旨在改变当前职业院校专业建设评价中存在的评价内容片面化、评价标准同质化等问题，进而从根本上解决当前职业院校专业建设中存在的急功近利、定位模糊、效率低下、效益不高等问题。在职业院校专业建设评价研究与实践中，"为什么评价""评价什么""怎么评价"是最为重要的三个问题。围绕这三个问题，基于上述理论构建与实证研究，可将职业院校专业建设评价原理分别归结为"评价价值取向的两效性原理""评价模式建构的全息性原理""指标体系设计的共异性原理"等三大原理。

一、评价价值取向的两效性原理

对于职业院校专业建设评价而言，"两效"是职业院校专业建设评价的价值追求。具体而言，"两效"包含两层含义：一是"效益"，即对职业院校专业建设的效益进行评价；二是"效率"，即对职业院校专业建设的效率进行评价。效益与效率二者相辅相成、缺一不可。效益评价强调的是对职业院校专业建设是否满足各方需要的评价，效率评价强调的是对职业院校专业建设投入与产出比的评价。职业院校专业建设评价只有以效率与效益为价值取向，才能促使职业院校专业建设走上效益提升、效率适中的科学发展之路。

（一）注重专业建设效益

1. 满足经济社会对高素质劳动者和技术技能人才的需求

当前，中国经济发展处于新常态的阶段，面临从高速增长转为中高速增长，从要素驱动、投资驱动转向创新驱动。职业院校，尤其是专业建设的加快发展对支撑创新驱动战略实施，推进产业布局和结构调整具有十分重要的意义。直接影响着能否"培养数以亿计的高素质劳动者和技术技能人才"。[①] 职业院校专业建设能否满足经济社会对高素质劳动者和技术技能人才的需求，主要是通过其

---

① 沈军、朱德全：《高等职业院校专业建设评估的实践性尺度》，《河北师范大学学报（教育科学版）》2018 年第 1 期；刘新钰、王世斌、郄海霞：《职业院校专业结构与产业结构对接度实证研究——以天津市为例》，《高等工程教育研究》2018 年第 3 期。

培养的人才能否满足产业、行业、企业、职业的需求来实现。

第一，满足产业转型发展的需求。在考虑专业建设时，必须根据国家或地方产业经济对各类技能型、应用型人才的需求来开发、选择专业或确定重点专业。具体而言，要做到满足产业、行业发展的需求，在进行专业建设时，必须要构建多元主体协同机制，促进专业布局与产业结构紧密对接，促进专业内涵建设与产业转型升级同频共振，推动专业人才培养与产业需求有效衔接。① 必须要充分研究和分析当地主导产业、重点产业、特色产业的发展现状与未来趋势，对国家或区域经济发展战略，包括产业政策、劳动市场前景等进行深刻分析与科学预测。唯有如此，才能处理好专业建设中的静态与动态、共性与个性、近期与长远等关系，进而满足不断变化发展的产业和行业所需。

第二，满足企业发展的需求。2022 年 12 月，中共中央办公厅、国务院办公厅印发《关于深化现代职业教育体系建设改革的意见》明确提出，"完善职业教育专业动态调整机制，促进专业布局与当地产业结构紧密对接；建设共性技术服务平台，打通科研开发、技术创新、成果转移链条，为园区企业提供技术咨询与服务，促进中小企业技术创新、产品升级"。事实上，职业院校对区域、行业经济和社会发展需要的适应主要是通过满足企业的需求来实现的。企业是微观经济的细胞。企业渴望有一批懂专业、能学习、负责任、善沟通，能体现企业文化的技能人才。职业院校培养的学生正是通过满足企业需要来实现对产业、行业需要的满足。要满足企

---

① 张露颖、于志宏、李桂玲：《经济欠发达地区职业学校专业适应产业发展研究》，《教育与职业》2023 年第 5 期。

业发展的需要，在进行专业建设时，必须研究企业、联系企业，加强与企业的长期、深入、全方位合作。

第三，满足岗位操作的需求。以职业岗位（群）需求为依据进行专业建设，就是针对社会某一个职业岗位或针对一组职业岗位来设置专业、建设专业、发展专业。具体而言，要满足学生职业生涯发展的需求，在进行专业建设时，必须要参考职业岗位要求；必须要与职业岗位能力素质相符，以各种职业的基本素养和具体岗位的基本要求为依据设计人才培养方案、进行课程与教学改革、建设实习实训基地、配备"双师型"教师，这关系到毕业生的就业和未来的培养使用。唯有如此，才能培养出适应职业发展需要的应用型与技能型人才。

2. 满足职业院校学生个体发展的需求

毫无疑问，职业院校培养的学生必须是能够满足经济社会对高素质劳动者和技术技能人才的需求。但是不可否认也不能忽视的是，职业院校专业建设也必须能够满足学生个体发展的需要。这里的学生个体发展主要包含三个方面的内容：一是学生的全面发展；二是学生的个性发展；三是学生的可持续发展。

第一，促进学生的全面发展。人的全面发展理论是马克思主义人学理论的核心内容。同其他类型的教育一样，职业教育作为一种独立的教育类型，其主要目标是促进人的全面而自由地发展。但是，由于职业教育是指向一定职业（职业群）与工作岗位（岗位群）的专业化教育，所以围绕学生技能技术和职业道德培养，从而实现学生综合素质全面提高，成为职业教育追求的目标。由此，职业教育专业建设必须以学生的全面发展为目标指向，必须以基于学生职业能力的全面发展为目标指向。

第二，促进学生的个性发展。职业教育专业建设长期以来存在着以下问题：过分注重发展社会功能，忽视个性化人才培养的作用；过分注重从社会发展需要的角度来进行专业建设，忽视从学生个性发展的角度来建设专业；过分注重专业建设的社会适应性与实用性，忽视学生的主体性、创造性，尤其忽视对学生健全人格与完善个性的养成。事实上，黄炎培早在 1917 年创建中华教育社之初就明确提出谋个性之发展；为个人谋生之准备；为个人服务社会之准备；为国家及世界增进生产力之准备是职业教育的目的。①

第三，促进学生的可持续发展。可持续发展指的是个体生命开发的长度之持久、广度之均衡、深度之透彻。② 从学生的可持续发展讲，终结性学习无法促使实训人才培养的终结，所以必须做到终身学习；要真正做到终身学习，就必须学会学习。因此，教育必须把学生变成学习的主体和中心。③ 因此，职业院校专业建设中人才培养的重点应放在"授之以渔"，而不是"授之以鱼"；应放在教会技能迁移、融通与贯通，而不是仅训练技能强度。由此，促进学生的可持续发展便成为专业建设的目标之一。

（二）重视专业建设效率

专业建设应追求效率，专业建设评价应以效率为价值取向；同

---

① 黄仁贤：《职业教育应以人的个性发展为宗旨——从黄炎培的"谋个性之发展"谈起》，《教育与职业》1999 年第 1 期。

② 潘涌：《人的可持续发展与教育的转型》，《教育研究》2001 年第 11 期。

③ 联合国教科文组织国际教育发展委员会：《学会生存——教育世界的今天和明天》，教育科学出版社 1996 年版，第 200 页。

时，专业建设的效率应适中，专业建设评价应以适中的效率为价值导向。具体而言，专业建设效率适中主要表现在部分与整体两个方面：一是专业建设核心要素上的投入与核心要素上产出的比率适中；二是整体上的效率适中，即专业建设全部投入与专业建设最终产出的比率适中。

1. 核心要素方面的效率适中

专业设置、课程建设、团队建设和基地建设，是职业院校专业建设的四大核心要素。对于四大核心内容的工作效率，可以从各自投入的人力、财力、物力、时间与各自产出的成果之比来衡量。

第一，从投入方面看，四个核心要素各自的投入无非都是从人力、物力、财力、时间等方面来考察与统计。

第二，从产出方面来，四大核心要素有各自不同的产出。具体而言，专业设置上的成果主要体现在设置了哪些专业；专业结构的合理度；所设专业满足市场需要的程度。课程建设上的成果主要体现在建设了哪些课程；这些课程在数量和质量上满足专业建设需要的程度；开发了哪些教材；教材开发与建设的数量和质量满足课程建设需求的程度；开发了哪些课程资源；课程资源的数量与质量满足课程建设需求的程度；建设了哪些课程管理制度；这些制度满足课程建设需求的程度；等等。团队建设上的成果主要体现在专业教师生师比，"双师型"教师生师比，骨干教师、专业带头人等优秀教师的比例，高学历教师的比例，师德师风建设情况；教师团队建设满足课程建设与学生能力训练的程度；等等。基地建设上的成果主要体现在建设了多少实习实训基地，这些实习实训基地在数量上和质量上满足学生能力训练的程度，等等。

第三，从比率来看，各要素投入与产出的最佳比率虽不尽相同，但都应趋向适中。所谓适中，可从几个方面来理解：一是中庸，即与其他同类专业建设效率相比而言，既不宜过分追求最高比率，以防止重效率轻效益的现象，也不宜过分忽视比率，以防止投入不足或投入浪费的现象；二是可能，即与自己现有的专业建设条件而言，取得专业建设效率是在条件允许范围内取得的最高效率；三是适当，即符合专业建设的自身规律。

2. 整体建设方面的效率适中

核心要素方面的效率适中是从部分的角度对效率的要求。尽管核心要素中的效率适中是整体建设效率适中的重要基础，但是核心要素上的效率适中并不必然带来整体建设效率上的必然适中。因此，还需对职业院校专业建设整体上的效率进行评价。

第一，全部的投入。为专业建设做的一切工作、一切努力，方方面面的人力、物力、财力、时间上的投入皆是专业建设上的投入。具体而言，一是四大核心要素上的投入与产出。核心要素上的投入自然属于全部投入的一部分。对于专业建设的最终产出成果而言，设置结构合理的专业，建设有利于专业人才培养的课程、教材，组建优质、合理的师资团队，以及开辟量足质优的实习实训基地等并非专业建设的最终目的与结果，而是为了培养出社会和个人都满意的高素质劳动者与技能技术人才。二是其他建设要素上的投入与产出。尽管四大核心要素是专业建设的主要工作，但是专业建设并非只有这四项工作。以 CIPP 评价模式的观点来看，背景评价、输入评价和过程评价中的评价内容皆可作为建设投入计算。

第二，产出的成果。职业院校专业建设的产出成果有直接成果和间接成果之分。直接成果是指学生的质量。对学生质量高低的衡量主要从两个方面进行：一是学生在校期间的质量，比如学生获得的荣誉或取得的行业证书，学生的年终就业率与灵活就业率等；二是学生就业后的质量，比如学生对就业单位的适应度，用人单位对毕业生的满意度等。间接成果是指专业影响力。对专业影响力的判断主要从三个方面进行：一是专业获奖，包括示范专业、特色专业、重点支持专业、改革试点专业、精品课程、精品资源共享课、精品视频公开课、精品教材等。二是专业辐射作用，包括为其他院校提供师资培训、专业建设、课程建设等帮助。三是专业服务社会能力，包括提供的各级各类培训，如专业岗位培训、职工技能培训、农村劳动力转移培训和进城务工劳动力培训等；提供科技咨询、科技成果推广等服务。

第三，适中的比率。这里是指专业建设的整体效率。对专业建设整体效率的判断也必须遵循中庸、可能与适应的原则。从显性角度来看，专业建设整体效率是否适中有两个判断依据：一是与校内其他专业建设效率进行比较，尽管各个专业建设内涵具有较大的差异性，但是从专业建设共性的角度来看，还是可以将其作为比较对象；二是与国内外同类专业建设效率进行比较，这样的比较对于客观分析、理性看待自己在专业建设中取得的成绩与存在的不足，合理定位自己的专业建设能力，有效构建专业建设的目标，提升专业建设的效率都有极大的价值。

因此，职业院校专业建设评价以两效为价值取向。事实上这包含了三层含义：追求最大化的效益，培养出让社会、家长、学生都非常满意的高素质的劳动者与技术技能人才；追求最适宜的效率，努力实现投入与产出的最佳比，找准适合自己的建设节奏；追求效益优先效率跟进，当效益与效率二者有冲突的时候毫无疑问应将效益放在首位，切忌为了效率放弃效益，在确保充分实现效益的同时努力提升效率，做到效益导向下的效率最大化。

二、评价模式建构的全息性原理

借用全息的概念来归结职业院校专业建设评价模式的基本原理，恰好就是在充分吸取 CIPP 评价模式精髓的基础上对专业建设评价过程原理的生动表达。基于 CIPP 评价模式，结合全息方法，专业建设评价模式的全息性原理主要表现在两个方面：一是纵向评价环节的全息性，即专业建设评价内容应包括专业建设背景评价、输入评价、过程评价和成果评价等四个完整的环节；二是横向评价要素的全息性，即专业建设评价每一环节内部以及核心要素评价内容方面的全息性。

（一）纵向评价环节的全息性

在斯塔弗尔比姆看来，评价是对工作过程优劣和存在问题的一种系统调查过程。换种角度讲，评价是一种收集、判断、分析和决策信息的过程。[①] 由此，斯塔弗尔比姆系统构建了包含背景、输入、过程和成果评价的 CIPP 评价模式，这一模式旨在搜集决策者作决策以及其他需要评价信息的人需要的所有信息。鉴于此，从全

---

① D.L.Stufflebeam, G.F.Madaus, T.Kellaghan, *Viewpoints on Educational and Human Services Evaluation*(*2nd ed.*), Boston：Kluwer Academic Publishers, 2000, p.280.

息的角度，职业院校专业建设评价内容应包括背景评价、输入评价、过程评价和成果评价中的全部信息。

1. 背景评价中的全部信息

背景评价的核心是对专业建设目标的适应度进行评价。但这并不意味着只需要对专业建设目标的适应度进行评价，因为要对专业建设目标的适应度进行评价，就必须对特定环境下职业院校专业建设的需要、问题、资源和机会等进行评价，唯有如此才能对专业建设目标的适应度进行准确、真实的评价。因此，背景评价的内容主要有：

第一，描述专业建设的背景情况。包括国家经济社会发展现状与趋势、区域产业行业发展现状与趋势、企业与职业发展需要、国家对本专业建设的目标与要求、全国或区域内同专业建设的现状与趋势。

第二，界定专业建设预期受益人并评定其需要。职业院校专业建设预期的受益人至少有学生、院校、以企业为代表的社会利益相关者。因此，在进行专业建设预期受益人的需求评定时，必须对所建专业要培养的学生，所建专业归属的院校，以及与所建专业相对接的企业、行业和产业的需求进行准确评定。

第三，弄清专业建设满足需要所存在的问题和障碍。主要对本院专业建设的现有基础与条件，以及满足预期受益人需求所存在的问题、困难、阻碍等进行评价。

第四，评定专业建设目标的清晰度和适切性。这里的专业建设目标包括专业建设总目标和各项分目标，比如课程建设目标、教学建设目标、团队建设目标、基地建设目标等等。对目标的评定既要看其是否清晰明确便于判断是否实现，也要看其是否满足了已知的需求，以及是否适合本学院的现有条件与未来发展。总的来讲，背景评价中的全部信息都是围绕着确认专业建设目标与建设实际之间的差距而展开的，都服务于准确诊断。

2. 输入评价中的全部信息

输入评价是在背景评价的基础上，对达到建设目标所需的条件、资源以及各备选方案的相对优点所作的评价，实质是对专业建设方案的可行性和效用性进行判断。输入评价的内容主要有：

第一，采用了哪种计划、程序和预算来满足专业建设的各种需要，它们实现专业建设目标的可能性有多大？即主要对采用方案进行详细评价，并对其实现目标的可能性进行评价。

第二，考虑过哪些备选方案？即对方案选择过程进行评价。这里的备选方案应包括总方案和子方案的备选方案，子方案又包括课程建设方案、教学建设方案、团队建设方案、基地建设方案等等。

第三，为什么选择此方案而不选择其他方案？所选方案的合理性、合法性、道德性程度有多大？所选方案是否经过合理性的思考与辩护，以及是否合理、有多合理，即对方案实施的程序、策略、预算、进度等进行评价。由此可知，输入评价的全部内容指向于在满足需求与条件允许的情况下，考虑各种可能的方案策略，形成一个最佳方案，也即输入评价中的全部信息都服务于充分利用有限的时间与资源进行高质量的专业建设。

3. 过程评价中的全部信息

过程评价是对专业建设实施过程作连续不断的监督、检查和反馈。主要有四个目的。

一是提供反馈信息。即为专业建设方案制定者、管理人员、执行人员提供反馈信息，旨在帮助他们了解方案实施的进度，是否按照原计划实施，以及是否有效、充分地利用了专业建设已有且可用的各种资源。

二是为发现问题及时改进提供信息。因为一个专业建设方案，无论是总方案还是子方案，都不可能在事先设计时面面俱到、十分周全，况且方案在实施过程中往往需要根据现实情况作些调整与优化。因此，为了便于及时发现方案在实施过程中遇到的问题，进而进行相应的修正与改进，必须进行过程评价。

三是为评价提供过程性信息。即为了给评价专业建设的参与人员提供所需要的过程性信息。

四是翔实记录专业建设过程，对专业建设全过程进行真实、翔实的记录，包括专业建设实施方案与原定方案的比较，修订的原因，在实施中实际花费的人力、物力、财力、时间，以及观察者与参与者对方案的评价等等。

鉴于以上目标，过程评价的内容主要有：①专业建设方案实施的程序是什么样的？每一程序花费的时间、人力、物力、财力是多少？②专业建设方案及实施过程是否需要调整或修改，调整或修改了哪些方面，为什么要作出这些调整与修改？③专业建设实施过程中的其他所有信息。总之，过程评价中的全部信息都服务于为专业建设者以及相关信息需求者提供真实、细致的实施、调整与改进信息。

4. 成果评价中的全部信息

成果评价是对专业建设目标达到程度所作的评价，旨在确定各方需求得到满足的程度，即对发展满意度的评价。成果评价的主要内容有：

第一，对专业建设取得的所有成果进行描述与判断，包括肯定的、否定的，预期的、非预期的等等。

第二，专业建设成果满足产业、行业、企业、职业需求的程度如何，满足学生个体发展需求的程度如何，专业建设成果与建设目标之间有何联系等。

第三，对专业建设投入与产出之比进行描述与判断。成果评价中的全部信息都服务于让专业建设者以及相关信息需求者充分获知取得了哪些建设成果。

综上所述，纵向评价环节的全息性包含了从最初、最广的专业建设背景，到过程中的专业建设投入与实施，再到最后专业建设的全部成果等全方位、多环节、宽背景的评价信息，旨在为专业建设者以及相关信息需求者提供最详尽、最准确的建设信息。

（二）横向评价要素的全息性

1. 核心目标评价中的全部信息

核心目标评价是职业院校专业建设背景评价中的重点内容。职业院校专业建设核心目标是指在专业建设中影响人才培养活动的诸多关键目标，既涉及人才培养目标，又包括专业建设的整体目标，还涵盖课程体系建设目标，甚至还有课程目标等，它是一个目标体系。对核心目标的评价是一个系统工程，但其重点内容是目标定位。对目标定位的评价又主要包括两个方面。

一是专业建设目标和人才培养培养目标与社会发展需求、区域人才需求、专业人才培养定位、专业建设条件的适应与符合程度。这就需要进行广泛而深入的市场调研，即对市场人才需求的层次、数量、规格、标准进行调研，对产业发展对未来人才的需求进行预测，也需要对专业发展的优势与缺陷进行分析，进而确定专业培养规模、目标和方案，以确保人才培养目标、要求与区域人才需求、专业人才培养定位、专业建设条件的适应与符合程度。

二是专业建设规划与执行。专业建设规划要对人才培养体系、课程体系、教学体系、实践体系、师资建设体系、保障支撑体系等给予顶层设计与实施安排。优质的专业建设规划应具有战略性，要科学地谋划好专业建设如何服务区域、服务企业、服务学生、办出特色、体现优势；应具有全局性，对职业院校专业建设的愿景、目的、目标、战略，专业建设的规则、程序、方案、经费、保障等进行全方位设计与安排；应具有前瞻性，要能充分考虑现代产业发展趋势和区域社会经济发展特点，充分考虑人才培养的周期性与持续性。

2. 核心资源评价中的全部信息

核心资源评价是职业院校专业建设输入评价中的重点内容。这里的核心资源是指对职业院校专业建设起核心支撑作用的资源，主要包括教师资源、教学资源和经费资源等三个方面。但从评价内容的复杂程度来看，教师资源和教学资源是评价的重点内容。

第一，教师资源评价。拥有一支结构合理、素质高、能力强、技术突出的教师队伍是职业院校专业建设活动能够实现预期目标的关键保障。对教师资源的评价主要包括四个方面的内容：一是教师队伍建设规划与执行，即对教师队伍建设规划的科学性、可行性，教师队伍建设规划执行的有效性、一致性等内容进行评价。二是专业教师生师比，拥有足够数量的专业教师是确保教学质量的基本前提。三是"双师型"教师生师比。职业院校注重培养学生的专业技术与实践能力，要求教师不仅具有丰富的理论知识，还要有扎实的实践技能。因此，"双师型"教师是职业院校最具特色的一支队伍，而培养一批高素质的"双师型"教师队伍是实现职业院校专业建设又好又快发展的关键。四是骨干教师、专业带头人等优秀教师的比例。专业带头人对于把握着职业院校专业发展的方向，推进着专业建设的整个进程，带领着整个教师团队朝着既定的方向努力前行具有不可或缺的重要作用；而骨干教师是职业院校教师队伍起着支撑、示范和辐射作用的一支队伍，是推动职业院校教学质量提升的重要支撑。

第二，教学资源评价。对教学资源的评价主要考察其是否适应职业院校人才培养活动特点，是否适应产教结合、工学结合的需要，是否满足正常教育教学活动的需要。具体而言，对教学资源的评价分为校内资源和校外资源两个部分。对于校内资源，主要从现有教学实训、实验仪器设备（含软件）生均值，近五年新增的教学实训、实验仪器设备（含软件）生均值等两个方面进行评价，这些教学资源是确保常规教学得以正常运行的基本条件。对于校外资源，主要从校企合作的数量与效果，以及近五年校外实训、实习、实践基地数量及各基地参加学生人数、次数与专业在校生总数的比值等两个方面进行评价。实习实训基地是职业院校培养技术技能型人才的重要阵地，也是凸显职业院校特色的重要平台。

3. 核心任务评价中的全部信息

核心任务评价是职业院校专业建设过程评价中的重点内容。因为专业建设的核心任务是完成职业院校人才培养目标的根本保障，也是培养经济社会发展和行业岗位需要的应用型人才的关键环节。

第一，人才培养模式改革评价。人才培养改革是专业建设首要任务之一，包括培养模式改革、教学模式改革、评价模式改革等三个内容。人才培养模式改革关系采取什么样的人才培养方式、方法和手段来开展培养工作，教学模式改革则关系运用什么样的教学方式、方法和手段，选取哪些教学内容和课程来推进教育教学，教学工作实践效果如何，有待教学评价工作的开展。

第二，课程体系建设评价。课程体系建设尤其存在内在的严密的逻辑性。它以行业企业人才需求调研为起点，引入企业生产一线，科研院所等方面的实践专家、职业教育专家开展基于典型工作任务和职业能力标准的职业能分析，从而解构课程体系，进行专业核心课程标准研制，编制专业特色校本教材。

第三，教师队伍建设评价。教师队伍是专业建设成败的关键，是专业建设实践的主体，在专业建设 CIPP 评价中，教师队伍建设是主要的考核指标之一，主要的评价与考核信息有，专业带头人、骨干教师、"双师型"教师和兼职教师队伍建设需要整体规划，制定培养培训方案和年度计划，开展教师队伍管理与考核，年度绩效评比。

第四，校企合作、工学结合运行机制建设评价。企业参与专业人才培养的全过程是现代职业教育体系的鲜明特点，专业建设核心任务包括校内外实习实训基地建设，更涵盖校企合作工学结合运行机制建设。专业牵头成立校企合作专家指导委员会，在章程指导下，引入企业能工巧匠参与专业人才培养目标制定、课程标准研制以及校本教材开发，参与教学模式、评价模式改革，这是职业院校专业建设 CIPP 全息性评价的典型体现。

4. 核心发展评价中的全部信息

核心发展评价是职业院校专业建设成果评价中的重点内容。专业建设的最终目标就是提高人才培养的质量，因此，学生培养质量是核心发展评价的重点内容。对核心发展的评价主要体现在专业办学规模、学生培养质量、教师专业成长和专业影响力等方面。

因此，基于 CIPP 评价模式的职业院校专业建设评价，在评价信息收集上以评价环节为经，以评价要素为纬，构建出一个要件齐全、重点突出的专业建设评价体系，真正做到了为专业建设者和相关评价信息需求者提供足够、优质的信息，促进专业建设实践者进行专业诊断与改进。

三、指标体系设计的共异性原理

职业院校专业建设评价指标体系是职业院校专业建设评价指标系统及其相应的指标权重和评价标准构成的一个有机整体。它是具体化与行为化的职业院校专业建设评价目的，也是评价者在进行价值判断时的基本依据。正是基于评价指标体系，整个评价工作才能科学有序地开展。对于职业院校专业建设评价指标体系而言，"共异性"便是对其设计原理的全部概括。共异性原理要求，职业院校专业建设评价指标体系的设计应抓住共性与个性，既要重视、遵循评价指标体系设计的普遍性，更要充分观照、彰显职业院校专业建设的特色性。

（一）遵循评价的普遍性

所有的评价活动都分享着评价的普遍特质，所有的评价指标体系设计活动也都共享着评价体系设计的共有特质。职业院校专业建设评价指标体系设计自然也不例外。具体而言，职业院校专业建设评价指标体系设计在评价指标设计的原则、评价指标框架的确定、评价指标设计的方法等方面遵循了共性特征。

1. 评价指标设计的原则

通常来说，任何一项评价指标的设计都应遵循导向性、科学性、可测性和可接受性原则。

一是导向性原则，是指评价指标的设计必须与党和国家的路线、方针、政策、法规相一致，不能违背中国特色社会主义方向，不能偏离培养中国特色社会主义建设者和接班人的方向；必须与教育事业改革与发展的方向一致，不能偏离教育要面向现代化、面向世界、面向未来的发展方向。

二是科学性原则，是指评价指标要符合教育客观规律和逻辑规律。符合教育客观规律是指指标体系要反映教育本质的主要因素和它们之间的内在联系，即要选择最能反映事物本质特点的指标列入指标体系。符合逻辑规律是指评价指标体系应遵循各指标之间内在的逻辑关系，其一是同一层次指标之间的独立性与相容性，其二是评价指标所反映的广度和深度应包含或覆盖评价对象的全部本质属性。

三是可测性原则，是指评价指标中最低层次的指标必须是具体明确可测量的，这要求在进行指标设计时尽可能用数量化的统计参数来表示，或者用可操作化的语言来表述。可接受性原则是指评价指标必须要能够为被评价者所接受。只有被评价者接受的评价指标，才可能发挥教育评价活动的激励与导向作用。

四是可接受性原则，可接受的评价指标一般应具备以下几个特点：一是评价指标要有可比性，即评价指标必须反映被评价者的共同属性；二是评价指标要有适度性，即难易适度和数量适度；三是评价指标要有足够的信息可用。

以上四条原则既是任何一项评价指标体系设计活动应遵循的原则，也是职业院校专业建设评价指标体系应遵循的基本原则。

2. 评价指标框架的确定

众所周知，CIPP 评价模式由背景评价、输入评价、过程评价和成果评价四个部分组成。背景评价重在对方案目标的合理性进行描述与判断，即对目标本身的诊断性评价，旨在为计划决策服务；输入评价重在对实现目标的各种备选方案的相对优点加以识别和判断，旨在对方案的可行性、效用性进行评价，以为组织决策服务；过程评价重在对方案实施情况进行监督和检查，以便调整和改进实施过程，实质上是对方案实施过程进行的形成性评价，以为实施决策服务；成果评价是测量、判断方案取得的成果，是终结性评价，旨在为再循环决策服务。效益与效率取向的职业院校专业建设评价是基于 CIPP 评价模式的一种评价，自然应遵循 CIPP 评价模式的基本成分来构建评价指标的基本框架。正是在这个意义上，职业院校专业建设评价指标体系包括了背景评价、输入评价、过程评价和成果评价四个部分。

3. 评价指标设计的方法

一般而言，因素分解法、理论推演法、经验法等都是确定评价指标要素的常用方法。"因素分解法是一种将评价指标按照评价对象本身的逻辑结构逐级进行分解，把分解出来的主要因素作为评价指标的方法。"① 在运用因素分解法设计教育评价指标时应注意两点，即分解原则必须统一、分解必须逐级进行。理论推演法是指根据有关学科的理论推演出评价指标的方法。经验法是凭指标设计者或筛选者的学识和经验进行指标筛选的一种方法。运用经验法筛选指标时要注意理由充分、取主舍次、去难存易。职业院校专业建设评价指标设计的过程中，就主要使用了理论推演法，并综合使用因素分解法和经验法。具体而言，主要是在借鉴 CIPP 评价理论的基础上，充分利用因素分解法和经验法构建出职业院校专业建设评价指标体系。

在指标权重确定过程中，常使用的方法有专家评议法、特尔斐法、层次分析法和两两比较法。专家评议法是一种依靠专家的智慧与经验对各项指标分配权重，然后取其平均值，再进行归一化处理而确定评价指标权重的方法。特尔斐法是指轮番向专家征求意见，经过几次反复调查、归纳、汇总得到结果的一种权重分配方法。层次分析法采用专家打分法对影响因素进行比较，并将定量分析和定

---

① 黄光扬：《教育测量与评价》，华东师范大学出版社 2002 年版，第 129 页。

性分析相结合，通过计算得出各影响因素的权重系数。两两比较法是将所选取的指标进行两两比较，并加以评分，重要者记为 1 分，次重要者记为 0 分，然后分别计算各指标得分之和，再除以所有指标得分之总和。在职业院校专业建设评价指标设计过程中，正是综合运用了专家评议法、层次分析法和两两比较法等方法，才对各个层次指标要素的权重进行了比较科学的确定。

（二）彰显职教的职业性

尽管职业院校专业建设评价是众多评价活动当中的一种，分享着一般评价的共性特质，但是职业院校专业建设评价更是一种特殊的评价、一种有自身特色的评价活动。职业院校专业建设评价指标设计不能仅仅遵循评价的普遍性，还必须观照、彰显自身的职业性。唯有如此，构建出来的评价指标体系才是具有针对性、能适用于职业院校专业建设评价的指标体系。具体而言，职业院校专业建设评价指标体系的独特性主要体现在评价指标设计思想、评价指标设计原则、评价指标具体内容等方面。

1. 凸显特色的评价指标设计思想

要想在评价指标体系中凸显出职业院校专业建设评价的独特性，必须紧紧抓住职业教育、职业院校、专业建设三个关键词，充分挖掘和彰显这三个关键词所蕴含的独特之处。这就要求，职业院校专业建设评价指标在设计时必须坚持三个思想：第一，突出职业教育特点，凸显人才培养的职业性与应用性。职业教育就是为经济社会培养技术技能人才的，因此职业教育所培养的人才必须具备强烈的职业性与应用性。第二，突出职业院校特点，凸显专业发展的科学决策与整体建设。职业院校的专业建设，是以专业部系为主阵地，以各级行政机构、行业企业等力量为支持的活动。因此，职业院校的专业建设必须立足于社会需求、人才培养需求、行业需求、岗位需求作出科学规划与准确定位，必须基于专业建设的生命周期与人才培养的发展周期来分步设计与整体推进。第三，突出专业建设特点，凸显专业建设的整体效益与发展效率。这是针对职业院校专业建设长期以来存在的盲目跟风、重投入轻产出、重局部轻整体、重短期利益轻长期利益等不良现象而提出来的。以效益与效率为价值取向的评价指标体系设计能够引导职业院校在进行专业建设时，充分考虑到专业建设自身的发展规律以及所培养的人才对社会需求的满足程度。

2. 观照个性的评价指标设计原则

如前所述，导向性、科学性、可测性和可接受性等共性原则是任何一项评价指标设计都必须遵循的原则。但是对于基于 CIPP 模式的、有着自身独特性的职业院校专业建设评价活动而言，仅仅遵循这些共性原则是远远不够的。基于上述"三个突出"的评价设计思想，从凸显职业院校专业建设评价特色的角度出发，评价指标设计还应遵循动态发展性、系统整合性、决策导向性等三项原则。具体而言，动态发展性原则是指评价指标应是兼具共性指标与个性指标、绝对标准与相对标准的动态的、发展性的指标体系。其优点在于可以适应不同发展周期、不同发展水平的专业发展，使专业发展评价指标体系更具针对性与时代性。系统整合性原则是指评价指标在评价观测点上既注重专业建设成果又注重专业建设背景与投入，在评价类型上既注重终结性评价又注重诊断性与形成性评价，在评价标准上既注重绝对评价又注重相对评价，在评价方法上既注重定量评价又注重定性评价。决策导向性原则是对导向性原则的进一步具体化，具体到职业院校专业建设评价指标设计中，导向性还应表现在要体现职业院校人才培养的要求，尤其是体现职业性、应用性和实践性的特点；要科学反映职业院校教育改革的趋势、人才培养的发展趋势，引领专业建设科学准确的定位，尤其是突出专业发展的特色与优势；准确契合产业结构的人才需求结构，强调专业与职业的紧密联系与动态关联，尤其是体现专业人才的素质结构与专业标准。

3. 彰显特色的评价指标具体内容

正是在遵循评价活动的共性特质基础之上，在充分挖掘职业院校专业建设的独特内涵之后，在职业院校专业建设评价指标设计的三大思想和三项原则引领之下，构建出内涵个性特质、彰显职教特色的职业院校专业建设评价指标体系的具体内容。职业院校专业建设评价指标内容的特色性主要体现在观测点这一层次上。其中最能体现职教特色的观测点有：C7 "双师型"教师的生师比，C12 近五年新增的教学实训、实验仪器设备（含软件）生均值，C13 近五年校外实训、实习、实践基地数量及各基地参加学生人数、次数与专业在校生总数的比值，C14 校企合作的数量与效果情况，C19 职业能力分析等内容。作为众多评价活动当中的一种，基于 CIPP 评价模式的职业院校专业建设评价指标体系设计在共享一般评价的共性特质，遵循一般评价指标体系设计规律的基础上，融合了职业院校专业建设的职业特性。

参考文献

一、中文文献

（一）著作

[1] 陈玉琨：《教育评价学》，人民教育出版社 1999 年版。

[2] 朱德全、宋乃庆：《教育统计与测评技术》，西南师范大学出版社 2007 年版。

[3] 韩映雄：《高等教育质量研究——基于利益关系人的分析》，上海科技教育出版社 2003 年版。

[4] 金娣、王刚：《教育评价与测量》，教育科学出版社 2002 年版。

[5] 周三多：《管理学（第六版）》，复旦大学出版社 2015 年版。

[6] 朱德全、宋乃庆：《教育统计与测评技术》，西南师范大学出版社 2007 年版。

[7] 朱德全：《职业教育统筹发展论》，科学出版社 2016 年版。

［8］［英］A.J.M.米尔恩：《人的权利与人的多样性——人权哲学》，夏勇、张志明译，中国大百科全书出版社 1995 年版。

（二）期刊论文

［1］陈东：《德国职业教育专业教学标准开发特征及启示研究》，《中国职业技术教育》2020 年第 29 期。

［2］方飞虎、潘上永、王春青：《高等职业教育专业群建设评价指标体系构建》，《职业技术教育》2015 年第 5 期。

［3］冯向东：《学科、专业建设与人才培养》，《高等教育研究》2002 年第 5 期。

［4］顾建军：《高素质技术技能人才培养的现代意蕴与职业教育调适》，《国家教育行政学院学报》2021 年第 5 期。

［5］桂德怀：《高质量发展视域下高职院校专业与产业适配性考量与优化——以江苏省为例》，《中国职业技术教育》2023 年第 32 期。

［6］胡晓晖、韩芳、董大奎：《基于 CIPP 模式的高职专业教学质量评价指标体系构建研究》，《中国职业技术教育》2015 年第 3 期。

［7］黄仁贤：《职业教育应以人的个性发展为宗旨——从黄炎培的"谋个性之发展"谈起》，《教育与职业》1999 年第 1 期。

［8］李立国、冯鹏达：《从学科建设到学科治理：基于松散耦合理论的考察》，《华东师范大学学报（教育科学版）》2022 年第 2 期。

［9］李鹏、石伟平：《新时代职业教育全面深化改革的政策逻辑与行动路径》，《国家教育行政学院学报》2019 年第 9 期。

［10］李鹏、石伟平：《中国职业教育类型化改革的政策理想与行动路径——〈国家职业教育改革实施方案〉的内容分析与实施展望》，《高校教育管理》2020 年第 1 期。

［11］刘晓、钱鉴楠：《职业教育专业建设与产业发展：匹配逻辑与理论框架》，《高等工程教育研究》2020 年第 2 期。

［12］马玲玲：《基于 CIPP 模型构建综合实践活动课程评价指标体系》，《教学与管理》2020 年第 9 期。

［13］潘海生、杨慧：《党的十八大以来高职教育创新发展的逻辑旨归、行动路径与现实思考》，《教育与职业》2022 年第 20 期。

［14］潘涌：《人的可持续发展与教育的转型》，《教育研究》2001 年第 11 期。

［15］沈军、朱德全：《中等职业学校专业建设评估体系研究》，《中国职业技术教育》2016 年第 6 期。

［16］涂三广：《职业院校专业建设：要素与逻辑》，《中国职业技术教育》2012 年第 21 期。

［17］王敏、单光庆：《香港职业教育特点及其启示》，《教育与职业》2009 年第 23 期。

［18］王晓杰、宋乃庆、张菲倚：《小学劳动教育测评指标体系研究——基于 CIPP 评价模型的探索》，《教育研究与实验》2020 年第 6 期。

［19］韦云凤、禤美琦、廖东声：《农业职业教育专业结构适应性分析——基于广西农业产业结构转型升级发展》，《社会科学家》2023 年第 8 期。

［20］吴全全、郝俊琪、闫智勇：《职业教育高质量发展背景下职业院校专业建设探析》，《中国职业技术教育》2022 年第 35 期。

［21］吴忠民：《公正新论》，《中国社会科学》2000 年第 4 期。

［22］阎光才：《教育评价的正当性与批判性评价》，《北京师范大学学报（社会科学版）》2003 年第 2 期。

［23］杨海华、宋怡宁、闫孟宇：《基于 CIPP 的高职学前教育专业实践教学体系重构与路径优化》，《职教论坛》2023 年第 3 期。

［24］杨海华：《基于 CIPP 的职业学校创业教育评价研究》，《职教论坛》2019 年第 9 期。

［25］杨磊、朱德全：《职业本科教育的"中国模式"探索：基于德国、英国、日本实践经验的启示》，《中国电化教育》2022 年第 8 期。

［26］余文森：《有效教学三大内涵及其意义》，《中国教育学刊》2012 年第 5 期。

［27］朱德全：《职业教育促进区域经济高质量发展的战略选择》，《国家教育行政学院学报》2021 年第 5 期。

［28］朱德全、李鹏：《课堂教学有效性论纲》，《教育研究》2015 年第 10 期。

［29］朱德全、杨磊：《职业本科教育服务高质量发展的新格局与新使命》，《中国电化教育》2022 年第 1 期。

［30］朱少强、唐林、柯青：《学术评价的元评价机制》，《重庆大学学报（社会科学版）》2010 年第 3 期。

（三）学位论文

［1］周甜：《中小学教学质量元评价研究——以重庆市 A 区义务教育教学评价为个案》，西南大学 2015 年硕士学位论文。

［2］杨公安：《县域内义务教育资源配置低效率问题研究》，西南大学 2012 年博士学位论文。

［3］于泽：《我国文化产业发展效益效率评价及资金配置对策研究》，中国矿业大学 2014 年硕士学位论文。

二、英文文献

［1］Banathy，B.H.，*Educational Systems Design：A Journey to Create the Future*，*Englewood Cliffs*，NJ：Educational Technology，1991.

［2］Butterweck，Joseph，*The Core Curriculum for Secondary Schools*，Clearing House，21 December，1946.

［3］Madaus，G. F.，Scriven，M.，Stufflebeam，D. L.，*Evaluation Models：View Points on Educational and Human Services Evaluation*，Boston：Kluwer Academic Publishers，2000.

［4］Smith，N.L.，Criticism，Meta-Evaluation，L.Smith，*New Techniques for Evaluation*，In Newbury Park，CA：SAGE Publications，1981.

［5］Stufflebeam，Shinkfield，*Evaluation Theory*，*Models*，*and Applications*，San Francisco：CA Jossey-Bass，2007.

［6］Stufflebeam，D.L.，*The CIPP Model for Evaluation*，*the 2003 Annual Conference of the Oregon Program Evaluator Network（OPEN）*，Portland，Oregonn，2003.

责任编辑:翟金明
封面设计:姚 菲

图书在版编目(CIP)数据

职业院校专业建设 CIPP 评价模式实践研究 / 沈军著.
北京 : 人民出版社,2024. 10. -- ISBN 978‒7‒01‒026925‒2

I. G719. 2

中国国家版本馆 CIP 数据核字第 2024BB6387 号

职业院校专业建设 CIPP 评价模式实践研究
ZHIYE YUANXIAO ZHUANYE JIANSHE CIPP PINGJIA MOSHI SHIJIAN YANJIU

沈 军 著

人民出版社 出版发行
(100706 北京市东城区隆福寺街 99 号)

北京建宏印刷有限公司印刷 新华书店经销

2024 年 10 月第 1 版 2024 年 10 月北京第 1 次印刷
开本:710 毫米×1000 毫米 1/16 印张:15
字数:165 千字

ISBN 978‒7‒01‒026925‒2 定价:79.00 元

邮购地址 100706 北京市东城区隆福寺街 99 号
人民东方图书销售中心 电话 (010)65250042 65289539